Biblioteca de Filosofía del Derecho

Carlos Alarcón Cabrera
(Director)

Carlos Antonio Agurto Gonzáles
Sonia Lidia Quequejana Mamani
Benigno Choque Cuenca
(Coordinadores Generales)

HANS ALBERT
Profesor de Sociología y Filosofía de la Ciencia
Universidad de Mannheim
(Alemania)

La ciencia del derecho como ciencia real y otros escritos

Edición al cuidado de
Carlos Antonio Agurto Gonzáles
Sonia Lidia Quequejana Mamani
Benigno Choque Cuenca

Ediciones Olejnik

Título: La ciencia del derecho como ciencia real y otros escritos

Traducción: Minor E. Salas

Edición: 2019

Ediciones Olejnik
Huérfanos 611, Santiago-Chile
E-mail: contacto@edicionesolejnik.com
Web site: http://www.edicionesolejnik.com

ISBN: 978-956-392-503-6

Diseño de carátula: Ena Zuñiga

Diagramación: Hayden Méndez, yiset_mendez@hotmail.com

Impreso en Argentina 2019 Printed in Argentina

Índice

I

Hans Albert: el derecho como *tecnología social* o: el asalto del racionalismo crítico al moderno *platonismo de las normas*

Minor E. Salas
Universidad de Costa Rica

1.- Contexto en que deben ubicarse las tesis ius-filosóficas de Hans Albert

La historia de la ciencia jurídica se asemeja —no en raras ocasiones— a la historia contada por idiota. Con frecuencia no hay allí lugar para las ideas equilibradas, los juicios intermedios, las reflexiones comedidas. Los *extremos* ejercen aquí su reinado con poder despótico. Tal y como bellamente ironizaba Gotthold Ephraim Lessing: *Still mit dem aber! Die Aber kosten Überlegungen* (¡Muerte a los peros! Estos cuestan mucha reflexión). Así, nacen a diario en el mundo jurídico quienes ven en el Derecho la reencarnación misma de la razón, quienes consideran que el jurista es el administrador de la justicia en este mundo, quienes están convencidos —y quieren convencer a los demás— de la certidumbre y la seguridad de nuestra "ciencia jurídica".

Pero, a pesar de todo, siempre conserva su aplastante vigencia la máxima de Séneca: *Vitiosum est ubique quod nimium est.*[1] ¡Todo aquello que es excesivo es vicioso! Sucumbir a estos excesos significa clausurar la posibilidad de un análisis verdaderamente penetrante y realista del discurso jurídico. El Derecho, como una praxis social e histórica, no es solo razón ni solo poder ni tampoco justicia y certidumbre. Este es, al decir de Radbruch, una *mezcolanza indisoluble*[2] de los más heterogéneos,

1 Séneca, *De tranquilitate animi*. 9, 6.

2 G. Radbruch, *Rechtsphilosophie, Studienausgabe*, Heidelberg, C. F. Müller, 1999. p. 108, § 15.

contradictorios y caóticos elementos de la existencia humana en su constante búsqueda de mejores condiciones de vida. Esta constatación no ha sido, empero, una barrera efectiva para que a lo largo del tiempo se hayan erigido, una y otra vez, diferentes escuelas y templos, maestros y lacayos que luchan incesantemente entre sí, afirmando la preeminencia absoluta de lo uno sobre lo otro, de lo fáctico sobre lo ético, de lo político sobre lo normativo, de lo ideológico sobre lo literal.

Es dentro de esta lógica de los *extremos* que se ubican las dos tradiciones más difundidas de la Jurisprudencia del siglo XX. Nos referimos a las corrientes "realistas" del Derecho y a los enfoques "positivistas". Es claro, y no hay que llamarse a engaños ni a mentiras piadosas,[3] que bajo las etiquetas sonoras del "realismo" y del "positivismo" caben los más diversos y heterogéneos fenómenos. No obstante, estos dos conceptos pueden, ciertamente, tener alguna utilidad *heurística;* ellos son de provecho para describir, a muy grandes rasgos, *dos* actitudes fundamentales (o dos visiones de mundo) de la mentalidad jurídica moderna:

Por un lado, están *los normativistas* que ven en el universo jurídico un conjunto de reglas supeditadas al fuero de la razón hermenéutica y de la omnipotencia exegética del jurista. Para el normativista el Derecho no deja de ser un *corpus* completo de códigos, leyes, reglamentos y decretos subyugados a la racionalidad inmanente del sistema jurídico. La actividad del operador jurídico se circunscribe, en lo esencial, a una labor de interpretación literal de la norma. Todos aquellos elementos que estén más allá de esa norma son secundarios y caen, por lo tanto, fuera del horizonte de la ciencia jurídica. El Derecho, en las palabras clásicas de Beale, debe ser *uniforme, general, continuo, igual, cierto, puro.*[4]

Por otro lado, están los *realistas* para quienes el Derecho es, finalmente, un hecho (*Law as Fact*), un conjunto de decisión es de los tribunales superiores (*Law is what judges say it is*) o la to-

3 Como ciertamente sí lo hace, por ejemplo. Ronald Dworkin cuando sorprendentemente sostiene, en uno de sus trabajos "clásicos", que él allí quiere emprender un *ataque general contra el positivismo,* como si existiera un sentido único de ese término. Véase el artículo: "Is Law a System of Rules?", recogido en libro del mismo autor: *The Philosophy of Law.* Oxford University Press, 1977.

4 Citado por J. Frank. *Law and the modern Mind.* Nueva York, Tudor Publishing Company, 1936, p. 48.

talidad de las conductas de los operadores jurídicos. El realista niega, por principio, la posibilidad de que sea posible comprender los móviles verdaderos de una decisión judicial o la eficacia y el alcance de una norma, si no nos planteamos el problema en términos del trasfondo político, económico, psicológico, religioso o ideológico que subyace a la decisión o a la norma en cuestión. La descripción más precisa que conozco de la mentalidad realista nos la ha ofrecido Karl Llewellyn en el siguiente pasaje:

> Antes que las reglas, están los hechos. Al principio no fue la palabra, sino la acción. Detrás de las decisiones están los jueces y estos son hombres y como hombres tienen un trasfondo humano. Más allá de las reglas, de nuevo, están los efectos: más allá de las decisiones se esconden las personas, cuyas reglas y fallos son afectados, directa o indirectamente, por dichas decisiones.[5]

No es este el lugar, ni tampoco es nuestro propósito expreso, determinar cuál de las dos posiciones tiene la razón o cuál de las dos está equivocada (quizás las dos lo estén), sino más bien ofrecer un *contexto* teorético, muy general, en el cual puedan ubicarse las tesis de Hans Albert como teórico del Derecho. Nuestro autor comentado, digámoslo sin más retraso, cultiva una actitud "realista" del Derecho. Pero: ¿Qué significa exactamente esto? Puesto en términos bastante simples significa que él propugna por un ataque frontal contra lo que denomina críticamente el *platonismo de las normas (Regelplatonismus)*, actualmente imperante en nuestra Jurisprudencia (y que no es otra cosa que la versión más difundida del normativismo), proponiendo, en contraposición, su tesis de la *ciencia jurídica como una ciencia real*, la cual exploraremos luego.

Pero no incurramos en errores históricos. El paradigma "realista" del Derecho (entendido este, repetimos, en sentido amplio, como aquella *actitud profesional* que busca comprender los

---

5 K. Llewellyn, "Some Realism about Realism Responding to Dean Pound", en *Law Review*, 44, Harvard (1931), p. 1222. El texto original dice: "Before rules, were facts: in the beginning was not a Word, but a Doing. Behind decisions stand judges; judges are men: as men they have human backgrounds. Beyond rules, again, lie effects: beyond decisions stand people whom rules and decisions directly or indirectly touch".

problemas efectivos de la práctica forense) encuentra en Alemania un origen muy temprano. Albert no viene, en esta medida, a redescubrir el agua tibia. Su mérito está en otro lugar, como se expondrá más adelante con mayor detalle. Antes de que los "realismos" (sea en su vertiente norteamericana o escandinava) lanzaran su manifiesto de regresar al Derecho real, tal y como este se practica en los tribunales de justicia, o para decirlo con Pound, antes de que se diera el grito de volver al *Law in Action* y abandonar para siempre el *Law in the Books,* dos autores alemanes ya habían levantado similares proclamas. Nos referimos a Oskar von Büllow y al "segundo" Rudolf von Jhering. El primero de estos autores, en su obra *Gesetz und Richteramt,* afirma categóricamente que la ley no determina jamás el contenido de las resoluciones de los jueces. El papel central en la construcción del Derecho lo ejerce, en última instancia, el Juez. Es en la magistratura (en el *Richteramt),* donde verdaderamente adquiere forma definitiva el texto legal. La ley, una vez emitida por el legislador: *No es todavía Derecho vigente. Ella es tan solo un plan, un proyecto del futuro ordenamiento jurídico al que se desea llegar*[...][6]

Es claro que las corrientes realistas tienen en Alemania una serie de "entre fases" importantes que permiten afirmar su presencia a través de la historia de la Teoría del Derecho. Dentro de estas "entre fases" se puede ubicar, por ejemplo, a la Jurisprudencia de Intereses o incluso a la Escuela Libre del Derecho. Autores como Ehrlich, Kantorowicz, Heck y Geiger son, indudablemente, teóricos en quienes estuvo siempre presente el ánimo (*la actitud*) de entender el Derecho, más que como un fenómeno puramente normativo, como un "hecho social". Pero, sin necesidad de regresar tanto tiempo atrás, la tradición sociológica y realista del Derecho se observa también con claridad en lo que hoy día se denomina la *nueva Jurisprudencia sociológica,* tal y como esta es defendida por algunos sociólogos críticos del Derecho (Blankenburg, Opp, Röhl, Raiser, Rehbinder).[7] Para este último autor, dicha Jurisprudencia se encarga no solo del estudio empírico de la aplicación del Derecho, sino también del estudio de su creación y es, en esta medida, una forma de *política jurídica.* Como toda política, esta (la Jurisprudencia) se

---

6 Oskar V. *Büllow, Gesetz und Richteramt,* Aalen, 1972, p. 3.

7 Véase en especial M. Rehbinder, *Rechtssoziologie,* München, C.H. Beck, 2000, pp. 8-30.

pregunta y busca resolver cuáles metas sociales pueden alcanzarse con ciertos mecanismos jurídicos y es en esa medida, al igual que la política, *el arte de lo posible.*[8]

Una exigencia central que puede rastrearse en todas las corrientes realistas del Derecho, incluyendo el enfoque de nuestro autor comentado, es la del *trabajo conjunto* entre las ciencias jurídicas y otras disciplinas empírico-sociales (sociología, economía, criminología, psicología, medicina, etc.). Esta ansiada *inter o transdisciplinariedad* se ha mostrado a la fecha, más que como una realidad imperante, como un bello sueño del discurso académico. De allí que en la actualidad se haya caído en un estado de resignación y pesimismo, según el cual, el diálogo entre la ciencia jurídica (como disciplina normativa) y otras disciplinas empíricas es, prácticamente, imposible. Hans Albert constituye una reacción apasionada —desde las bases del racionalismo crítico— contra esta resignación y este pesimismo. Para él la ciencia jurídica no tiene porqué renunciar a la aspiración de enfocar los problemas de la sociedad de una forma racional-tecnológica, valiéndose, para ello, de los diversos instrumentos que estén al alcance de otras disciplinas sociales.

En resumen: digamos que el contexto teorético general en que deben ubicarse las ideas ius-filosóficas de Hans Albert es el de las vertientes sociológico-realistas del Derecho. No está de más repetir que el término "realista" se toma aquí en un sentido muy general. Este designa, como hemos repetido, una orientación que busca la explicación de los fenómenos jurídicos a partir de categorías empírico-instrumentales (en contraposición a categorías puramente normativas). Con lo expuesto no se está afirmando, por supuesto, que Albert comparta las tesis de los "realistas clásicos o antiguos" (Holmes, Llewellyn, Frank, Pound, Ross, Olivecrona u otros), afirmación esta que resultaría, en todo caso, un tanto anacrónica. Lo fundamental es, por lo tanto, una cierta actitud personal (e incluso ética) hacia el fenómeno jurídico, más que el uso de ciertos conceptos o aderezos lingüísticos de moda. Lo que se quiere resaltar aquí es, finalmente, que el mérito fundamental de Hans Albert, en materia de Filosofía del Derecho, reposa en la *articulación* de un discurso crítico-racional (racionalismo crítico) con un enfoque

8 *Ibid.*, p. 26.

sociológico-realista (realismo legal) de la norma, tal y como se explorará de seguido con más detalle.

2. LAS IDEAS CENTRALES EXPUESTAS POR HANS ALBERT EN MATERIA IUS-FILOSÓFICA

Hans Albert es un caso especial dentro de la Teoría del Derecho, pues su núcleo de interés no reposa, específicamente, en esta rama. A pesar de esta circunstancia, su influencia en el universo jurídico es muy importante. Ello se debe, tal y como dijimos arriba, a que por encontrarse al margen de la discusión propiamente normativo-dogmática ha logrado conjugar los puntos de vista que allí se manejan con ideas de otros campos, especialmente con ideas del racionalismo crítico, de la sociología y de la economía política, logrando así una visión rica en matices.

Las ideas centrales de Albert, en materia de Teoría del Derecho, apuntan, desde nuestro punto de vista, en dos direcciones muy puntuales:

1) Por un lado, en una crítica de lo que él denomina la "Juris prudencia pura" y;
2) Por otro lado, en su propuesta de una "Jurisprudencia social-tecnológica".

Respecto al primer punto, debe indicarse que Albert define la noción de *Jurisprudencia pura* en un sentido muy amplio.[9] Se trata aquí de la tradicional caracterización del Derecho como una disciplina meramente dogmática. Es decir, Albert tiene en la mira de su crítica el llamado *normativismo* jurídico. Dos de las principales objeciones que él esgrime contra una disciplina del Derecho así conceptualizada son:

a) Que ella renuncia, directa o indirectamente, a la idea de la *verdad,* por un lado, y;
b) Que ella prescinde del estudio de los *efectos* reales (*Wirkungszusammenhänge)* perseguidos por normas, por el otro lado.

Con la renuncia a estas dos importantes dimensiones del saber (verdad y efecto), la ciencia jurídica degenera pronto e ine-

9 H. Albert, "Zur Kritik der reinen Jurisprudenz. Recht und Rechtswissenschaft in der Sicht des kritischen Rationalismus", en *Internationales Jahrbuch für Rechtsphilosophie und Gesetzgebung* (1992) pp. 347 y ss. (Este articulo se encuentra en el apartado II del presente libro).

vitablemente en un *Platonismo de las normas* ·,[10] es decir, en una concepción que analiza las disposiciones jurídicas no como hechos sociales sino, como si estas tuvieran una existencia propia, autónoma e independiente de los efectos que quieren alcanzar en el mundo de la vida. Se trata, finalmente, de una crítica a lo que Jhering denunciaba, hace ya más de un siglo, como el "cielo de los conceptos jurídicos". El resultado final de un enfoque semejante es, según Albert, la renuncia definitiva al conocimiento y su sustitución por un saber "autoritario" (en el sentido de que se basa en determinadas autoridades como la doctrina dominante, la jurisprudencia de los tribunales superiores, ciertos autores conocidos, etc.).

En lo atinente al segundo punto, es decir, a la propuesta de una *Jurisprudencia social-tecnológica,* Albert reconoce que esa idea no es del todo nueva, pues ya se encuentran elementos similares en los trabajos de Ross y mucho antes que él en las tesis de la filosofía social escocesa y, particularmente, en Thomas Hobbes.[11] En la elaboración de su propuesta social-tecnológica Albert parte de *dos* postulados ontológicos que son también centrales para el racionalismo crítico, a saber, las tesis de que:

a) existe una realidad objetiva más allá de nuestra conciencia, y;
b) que sobre esta realidad es posible emitir enunciados verdaderos o falsos, es decir, establecer criterios de verdad.

En un primer momento, pareciera que se trata aquí de dos aseveraciones triviales, las cuales se tornan epistemológicamente redundantes por su carácter manifiesto. Una opinión semejante es, empero, incorrecta. La defensa del realismo que emprende Albert en el ámbito de la Jurisprudencia es una defensa que ya se había dado en el campo propiamente filosófico y cuyo principal artífice, junto con Albert, fue precisamente Karl Popper. La importancia capital de la defensa del realismo (es decir, de la idea de que existe una realidad objetiva más allá de nuestra propia mente y que, por lo tanto, el solipsismo es lógicamente indefendible) solo se comprende a plenitud si se traen a colación las múltiples corrientes modernas que han puesto en duda,

10 H. Albert, *Rechtswissenschaft als Realwissenschaft, Das Recht als soziale Tatsache und die Aufgabe der Jurisprudenz* (1993) pp. 12 y ss. (Este articulo se encuentra en el apartado III del presente libro).

11 H. Albert, *Internationales Jahrbuch für..., op. cit.*, 1992, p. 354.

muchas veces de forma subrepticia, esta tesis. Debe pensarse aquí, no solo en las corrientes y los autores "clásicos" contra los cuales ya se había enfrentado Popper de manera polémica (Berkeley, Hume, entre otros), sino en concepciones mucho más actuales que también apuntan en esa misma línea (*e.g.* el llamado "constructivismo cognitivo" de Bateson, Ernst von Glasersfeld, Heinz von Foerster, Luhmann o incluso autores como Habermas y Apel). En todos estos casos, la realidad y su conocimiento se transforman, mediante exorcismos lingüísticos y construcciones academicistas, en un asunto de meras "estructuras", de "comunicación", de "consenso", etc. La realidad, pierde así, según Albert, todo su valor objetivo y su carácter epistémico.

Es importante indicar que el realismo del que parte Albert es de naturaleza *crítica*. Ello significa, esencialmente, que la forma en que él conceptúa la realidad guarda una importante diferencia respecto a la forma como lo hace el racionalismo clásico. En este último se aspira a una fundamentación definitiva de los fenómenos; fundamentación esta que Albert denomina el *punto arquimédico del conocimiento.*[12] Una vez que esa fundamentación se ha logrado, entonces, según la opinión de los racionalistas clásicos, se ha alcanzado también la "verdad" en el tema que se trate. Como refutación a esta idea es que Albert formula una de sus categorías más conocidas en el plano epistemológico, a saber: el llamado *Trilema de Münchhausen.* Con este "Trilema" lo que se pretende demostrar es que cualquier enfoque que aspire a una fundamentación concluyente y última del saber humano (a un *principium rationis sufficientis*) conduce, necesariamente, o a un callejón sin salida o un absurdo lógico. No existe, por lo tanto, ningún "punto arquimédico" del saber humano. El "Trilema" en cuestión se puede formular de la siguiente forma:

1. Toda derivación lógica de un enunciado exige retrotraerse hasta otro enunciado anterior, el cual a su vez requiere ser derivado también de otro enunciado previo a él mismo, de manera que el proceso de fundamentación cae inevitablemente en una regresión *ad infinitum.*
2. Se puede acudir a enunciados que, en sí mismos, no pueden ser demostrados sino tan solo afirmados, pero entonces se cae en un círculo vicioso. No hay realmente una funda-

12 H. Albert, *Traktat über kritische Vernunft,* Tubinga, J. C. B. Mohr, 1991, en especial el cap. 1.

mentación, sino una aproximación *dogmática* al problema planteado.

3. El proceso de fundamentación se tiene que *romper* recurriéndose al carácter evidente de los enunciados, es decir, a la experiencia o a la valoración, a la autoridad o al consenso.[13]

En el ámbito de la Jurisprudencia, el realismo crítico de Albert se expresa, esencialmente, en la forma de conceptuar las normas jurídicas. Albert reconoce, como posible, que las normas sean objeto de estudios lingüísticos (filosofía analítica), de estudios sobre el sentido (hermenéutica jurídica), de estudios sobre correlaciones semánticas (lógica jurídica), etc.; sin embargo, lo *característico y fundamental* de las normas jurídicas es que ellas están destinadas a surtir determinados efectos prácticos en una realidad social e histórica concreta. El análisis de estos efectos *(Analyse der Wirkungszusammenhänge)* constituye el atributo central de una Jurisprudencia realista y social-tecnológica. De allí que Albert define una "tecnología" como un conjunto de enunciados sobre las "distintas posibilidades de acción, obtenidas estas, a su vez, de otros enunciados que versan sobre correlaciones reales o causales. Los enunciados tecnológicos responden a la pregunta: ¿Qué se puede hacer para alcanzar determinadas finalidades?"[14]

La segunda idea importante para Albert es, como ya se dijo, rehabilitar el ideal de la *verdad* dentro del ámbito de la Jurisprudencia. La idea de verdad se vincula en este contexto con la idea de "vigencia fáctica" *(faktische Geltung)* de las normas jurídicas. Este último concepto se remite, por su parte, a la noción de "voluntad del legislador", la cual se entiende en un sentido objetivo (y no meramente psicologista como ha sucedido en la tradición normativa).

La voluntad del legislador representaría un "querer" orientado a producir en los destinatarios de las normas ciertos efectos, o sea a generar ciertas formas de comportamiento social. Se logra, así, reducir el deber (*Sollen*) a un querer *(Wollen)*, evitándose, por ende, incurrir en la disputa en torno al carácter axiológico de la norma. La noción de vigencia fáctica pasa a ser entendida como un "hecho social" de forma que las afirmaciones que se

13 H. Albert, *Traktat über Kritische... op. cit*, 1991, p. 15.

14 Albert, *Rechtswissenschaft als Realwissenschapt... op. cit.*, 1993, p. 12.

hagan en torno a ella tengan una naturaleza cognitiva y, por ende, sean susceptibles de calificarse como verdaderas o falsas.

Esta es, en términos muy generales, la perspectiva filosófica que postula nuestro autor alemán respecto a la ciencia del Derecho. Resta ahora referirse, de manera muy breve, a algunas *dudas* que nos surgen en torno a dicha perspectiva, no sin antes indicar expresamente que nuestras inquietudes no le restan mérito, en lo más mínimo, al enfoque del fenómeno jurídico que nos ofrece Hans Albert.

3. Algunas puntualizaciones *críticas* sobre la concepción "tecnológica" del derecho

Dicho sin ambages y yendo directo al núcleo de la cuestión, nos parece que Albert incurre, en mayor o menor medida, en una *concepción misionera* (Haba) del Derecho y en especial de la "ciencia jurídica".[15] La pretensión de domeñar las fuerzas profundamente irracionales que cohabitan en el campo jurídico y someterlas a baremos discursivos y técnicos de racionalidad, se nos hace demasiado *optimista*. Esta aspiración racionalista (que no es propia solo de Albert) se suele infiltrar en las discusiones de la teoría jurídica por intermedio de dos vías distintas: por un lado, al creer que la realidad social o jurídica es manejable racionalmente según las propuestas de la tecno-ciencia; y por otro lado, al asumir que los agentes sociales guardan interés (y capacidad) en conocer las propuestas teoréticas del discurso jurídico-social y adecuar sus conductas a la racionalidad discursiva implícita en este.

Ambas pretensiones (tanto la de una reconstrucción racional del mundo de la vida como la adecuación de este a la racionalidad discursiva) son, por supuesto, palmariamente *ilusorias*. Una rápida mirada a la realidad, en especial a la realidad jurídica, tal y como esta opera en los tribunales de justicia, nos muestra, a veces con tonos dramáticos, que tampoco los agentes sociales, los operadores jurídicos y las masas políticas adecúan sus patrones conductuales a la planificación tecnológica. Si uno no cierra los ojos ante lo que pasa en la vida cotidiana —dejándo-

15 Sobre la articulación de la "concepción misionera" en el conocimiento de la sociedad humana véase la obra de E. P. Haba, *Entre Tecnócratas y wishful Thinkers. La concepción misionera de las ciencias sociales*, de próxima publicación.

se seducir exclusivamente por las disquisiciones académicas—observará que las políticas sociales y jurídicas que se ponen en práctica en nuestra sociedad, se toman de una manera bastante caótica, desordenada y hasta oportunista. Es aquí, en el mundo del Derecho y de la política social, donde el espectáculo de las grandes promesas, del sensacionalismo televiso, de la propaganda comercial, del llamado a las emociones irracionales y al show de los *mass-media* juegan un papel crucial. Quien afirme que detrás de todo este *mare magnum* de manifestaciones sociales y jurídicas subyace una planificación social-racional no solo se engaña a sí mismo, sino que también hace apología, quiéralo o no, de un ordenamiento jurídico cuyas bases prácticas escapan, en una enorme medida, a la racionalidad técnica postulada en el plano teorético.[16]

La aproximación "tecnológica" de Hans Albert al fenómeno jurídico, refleja, desde nuestro punto de vista, su incontestable vocación como racionalista crítico, trasladando sus esperanzas cognitivas (quizás operantes en el ámbito de las ciencias naturales) a las comunidades jurídicas, sociales y políticas. Sin embargo, esta traslación de criterios no es (al menos para mí) del todo convincente.[17] La diferencia no radica tan solo en la heterogeneidad del objeto de estudio de la "ciencia jurídica"; es decir, en la maleabilidad subyacente al mundo social en contraposición a la estabilidad relativa del mundo material, sino, y fundamentalmente, en la inaplicabilidad de criterios estrictamente racionales al campo de lo jurídico.

Sin ánimo de incurrir en paradojas inútiles es posible afirmar que en el universo jurídico son necesarios, más que los criterios racionales de decisión, los baremos emocionales y persuasivos de la retórica. La lógica del Derecho no es, al decir del gran Holmes, una lógica de la ciencia, sino de la experiencia vital de las comunidades jurídicas. Lo que se suele exigir del mundo del Derecho no es necesariamente la dilucidación racional e instru-

16 Una discusión detallada de esta problemática (el de la racionalidad) en el campo del Derecho procesal se encuentra en mi libro: *Kritik des strafprozessualen Denkens*. München. C.H. Beck, 2005, en especial en las pp. 63 y ss.

17 Debemos reconocer aquí, empero, que Hans Albert se percata de que en el Derecho están presentes otros muchos elementos (además del racional). Al respecto dice: "El Derecho se desarrolla no solo a partir de conocimientos de ciertos supuestos o relaciones fácticas, sino también bajo la constante influencia de intereses e ideales de muy diferente tipo". Véase al respecto el apartado III de este libro.

mental de los problemas de la existencia humana, sino más bien el *consuelo* para quienes han caído en los engranajes del aparato judicial.

Es natural que en nuestra sociedad, dominada por lo que Stanislav Andreski llamaba el *Tecnototemismo*[18] de la civilización, uno se sienta tentado a tratar de comprender la realidad jurídica a partir de categorías del discurso racional. El culto de la técnica y la adoración de la ciencia se hacen patentes a la luz de las expectativas exageradas de las grandes masas de ciudadanos (¡y también de científicos sociales!), quienes albergan la esperanza de algún tipo de "cura universal" para los grandes males de la sociedad moderna.[19] Sin embargo, si se analizan con cuidado las motivaciones profundas del Derecho, la simbología implícita del quehacer jurídico, si se hace "psicoanálisis" del discurso judicial, se llegará a la conclusión de que allí no siempre se buscan o se quieren *explicaciones* (en el sentido estricto de esta palabra), sino más bien *justificaciones*. Tal y como insuperablemente expresó hace mucho tiempo Thurman Arnold:

> El estudioso del Derecho está compelido, por el ambiente de la opinión pública en el cual se mueve, a probar que un mundo esencialmente irracional se acerca constantemente a la racionalidad, que un mundo cruel se aproxima a la ternura y que un mundo en constante cambio es realmente estable y duradero.[20]

Pero, por más que lo queramos, la realidad no es así. La sociedad sigue siendo hostil, cruel, anónima y cambiante. Y el Derecho sigue respondiendo, precisamente, a las necesidades de esa sociedad. Él es, por lo tanto, cambiante, inestable, vacilante. No puede dejar de serlo, pues si se convirtiera en otra cosa (en algo exacto, previsible, "científico"), entonces dejaría de satis-

---

18 S. Andreski, *Die Hexenmeister der Sozialwissenschaften*. München, List Verlag, 1974, pp. 177 y ss.

19 Para una crítica devastadora de estas pretensiones véase el libro de E. P. Haba, ya citado: *Entre Tecnócratas y wishful Thinkers. La concepción misionera de las ciencias sociales*, ya mencionado.

20 Th. Arnold, "The Role of Substantive Law and Procedure in the Legal Process", en *Law Review* 4, Harvard, 1932, p. 634.

facer las necesidades (irracionales) de un mundo (también irracional). Tal y como bellamente expresaba Holmes: *La certeza es, generalmente, una ilusión y el reposo no es el destino del hombre.*[21] No es que las explicaciones "científicas" no sean allí posibles: no es que el fenómeno jurídico escape, por principio, a dichas explicaciones, sino más bien que estas no son *bienvenidas*. El usuario del Derecho no las quiere, no las necesita. Él cultiva la esperanza de que, en contra de las circunstancias de su mundo real, sus expectativas, sus ensueños de justicia, de igualdad, de libertad se impongan contra la irracionalidad imperante de un mundo abiertamente hostil e irracional.

De allí que los sustratos mitológicos (y mitologizantes) de la cultura constituyen, quiérase o no, la base misma del Derecho. Estos sustratos representan el suelo y la sustancia de toda organización jurídico-social. Las preguntas metafísicas, sea sobre el Derecho, la sociedad o la justicia, constituyen una pulsión fundamental de la especie, una precondición filogenética de nuestra organización como seres vivos. De ello se dio cuenta Leszek Kolakowski al afirmar:

> La organización mítica del mundo (esto es, las reglas que garantizan la comprensión llena de sentido de las realidades empíricas) está permanentemente presente en la cultura. La objeción de que una organización tal no deviene verdadera ni por la estabilidad ni por la realidad de las necesidades que la producen, carece de toda fuerza argumentativa para una conciencia con un estrato formador de mitos, porque en ella no encuentran aplicación los predicados "verdadero" o "falso".[22]

Pero, repetimos: no es que por *principio* en el plano teorético (contexto de validez) sea imposible alcanzar una reconstrucción discursiva, más o menos racional, de las prácticas sociales y jurídicas, sino que más bien la pregunta crucial es: *¿qué se ganaría con esa reconstrucción?* Es indudable que uno puede traducir a esquemas lógico-racionales cualquier realidad (por más caótica

---

21 O. W. Holmes. "The Path of the Law", en *Law Review,* vol. X, Harvard, 1897, p. 466.

22 En la obra: *La presencia del Mito,* trad., de Gerardo Bolado. Madrid, Cátedra, 1999, pp. 14-15.

que esta sea); sin embargo, a partir de allí no es posible inferir ni la racionalidad misma de la realidad que se describe ni tampoco la adecuación de las conductas de los agentes sociales a los modelos lógico-racionales. Albergar esperanzas en este sentido no es más que un auto-engaño.

En definitiva: Nos gustaría creer, junto con Hans Albert y su racionalismo crítico, que es posible en el campo jurídico (social y político), una dilucidación estrictamente racional-tecnológica de los problemas que allí nos hostigan y nos aquejan desde hace milenios; sin embargo, no podemos compartir tales esperanzas. Conociendo de cerca la dinámica implícita en las comunidades jurídicas, sus respectivos "juegos del lenguaje", sus estrategias retóricas y de persuasión, sus estructuras de autoengaño y de ficción, se nos hace demasiado difícil concederle tantas posibilidades a la racionalidad científico-tecnológica. De allí que quisiéramos concluir esta presentación recordando una frase —difícil de aceptar y de digerir— pero finalmente necesaria por razones de realismo y de honestidad intelectual, del sociólogo Stanislav Andreski:

> En lugar de visiones proteicas de un triunfo final de la razón sobre la magia y la ignorancia, debemos humildemente reconocer que las normas e ideales, que permiten el progreso del conocimiento humano, deben ser defendidos en cada generación contra nuevos enemigos, quienes. como la cabeza de la Hidra, renacen, una vez que son derrotados, utilizando nuevos conceptos, propaganda emotiva y estratagemas diversas para aprovecharse de las eternas debilidades de la humanidad.[23]

23 S. Andreski, *Die Hexemneisterder... op. cit,* 1974, p. 250.

II

Hacia una crítica de la jurisprudencia pura: El derecho y la ciencia jurídica desde la perspectiva del racionalismo crítico[1]

Hans Albert

1. Las asunciones centrales del racionalismo crítico

Quizás resulte adecuado empezar exponiendo aquella concepción filosófica de la que deseo partir en mi explicación de algunos problemas jurídicos, me refiero al racionalismo crítico tal y como yo lo entiendo. Entre tanto, se suele emplear esta combinación de términos para designar una corriente filosófica dentro de la cual se cuentan una gran cantidad de teóricos y prácticos de muchas disciplinas, quienes, a su vez, defienden concepciones muy heterogéneas. Existe, por ende, un buen motivo para tratar de eliminar, desde un principio, cualquier posible confusión al respecto. Muchos gustan apelar a favor de sus tesis y argumentos a la figura de Karl Popper o, en todo caso, apoyarse y vincularse a sus trabajos. Por supuesto, respecto a los resultados de estas empresas teóricas no se puede, de ninguna forma, hacerse responsable a Popper (sino tan solo a sus propios autores).

En primer lugar, quiero enfatizar, desde ya, que yo no interpreto al racionalismo crítico como una mera "teoría de la ciencia", tal y como muchos teóricos parecen hacer, sino más bien

---

1 Título original del texto aquí traducido: "Zur Kritik der reinen Jurisprudenz. Recht und Rechtswissenschaft in der Sicht des kritischen Rationalismus", publicado en el *Internationales Jahrbuch für Rechtsphilosophie und Gesetzgebung, Sonderdruck: Demokratie und* Rationalität, Viena, Manzsche Verlags- und Universitätsbuchhandlung, 1992. En lo sucesivo utilizaré el símbolo (*) para indicar que se trata una nota del traductor. Las notas al pie de página del texto de Albert no han variado respecto a su numeración original.

como una concepción que puede extenderse, en principio, a todos los ámbitos de la cultura (a la ciencia, la política, la moral, la economía, la religión y al arte) y que, por supuesto, es también aplicable al Derecho y a su ciencia: la Jurisprudencia.[2]

Un componente medular de esta concepción es el realismo crítico que, en contraposición a muchos enfoques filosóficos modernos, supone la posibilidad de un conocimiento de las correlaciones reales entre fenómenos. Este interpreta las ciencias reales como empresas cognitivas cuya idea regulativa clave es por sobre todo la verdad en el sentido de una exposición acertada de la realidad, idea esta a la cual pertenecen también las explicaciones correctas y el desarrollo cognitivo del saber humano en dirección a la mejor aprehensión de las correlaciones reales, o sea, de aquellos aspectos más interesantes de la realidad.

A todo lo anterior se vincula un criterio de falibilidad consecuente,[3] o sea, la tesis de que la razón humana está expuesta al error, tesis que se ha de aplicar a la solución de todo tipo de problemas y no solo de aquellos que se encuentran en el ámbito de la praxis del saber —como la Matemática—, sino también a todos los ámbitos de la existencia social y cultural, como sería: la moral, la religión, el Derecho y la política.[4] El racionalismo clásico, con su constante búsqueda de una fundamentación absoluta y última, se tiene que rechazar y ello especialmente en virtud de sus finalidades utópicas y de su ideal científico que, dicho sea de paso, ha permanecido dominante desde la antigüedad hasta la fecha contemporánea[5]. Pero así mismo, debemos rechazar el escepticismo y el relativismo filosóficos como ejemplos patentes de resignación.

Desde una perspectiva metodológica se defiende aquí, pues, un tipo de racionalismo que reconoce tan solo soluciones hipo-

2 La doctrina jurídica alemana distingue entre "Jurisprudenz" y "Rechtsprechung". El primer concepto se refiere a la "ciencia jurídica" y el segundo a las sentencias de los tribunales. En español se usa solo una palabra: Jurisprudencia. Para distinguir entre ambas cosas he optado por escribir la palabra Jurisprudencia (con mayúscula) para referirme a la "ciencia jurídica" y jurisprudencia (con minúscula) para referirme a las sentencias de los tribunales (a la Rechtsprechung).

3 Albert utiliza el término "konsequenter Fallibilismus".

4 Véase para lo que sigue mi libro: *Traktat über kritische Vernunft,* Tubinga, 1968, p. 4, ed. mejorada en 1980; véase también mi: *Kritik der reinen Erkenntnislehre,* Tubinga, 1984.

5 Ejemplos de este ideal son Edmund Husserl, Hugo Dingler, Paul Lorenzen, Karl-Otto Apel, así como otros filósofos y científicos de diversas disciplinas.

téticas a los problemas, los cuales deben, a su vez, estar siempre sujetos al examen crítico. Los criterios para determinar cuáles son las soluciones adecuadas a ciertos problemas son específicos de los distintos ámbitos de investigación, es decir, que, por ejemplo, los criterios serán muy diferentes en la ciencia, en el Derecho y en la política. El falsacionismo popperiano resulta ser para las ciencias teórico-reales un caso especial que, tal y como lo ha demostrado Anderson, no es refutado de ninguna forma por las objeciones de Kuhn.[6]

En lo que respecta a esta metodología, se debe decir que yo la interpreto como una tecnología de la conducta orientada a la solución de problemas, la cual procede hipotético-deductivamente y, en ese tanto, emplea una lógica, sin reducirse de ninguna manera solo a esta y sin requerir tampoco de una lógica inductiva de tipo especial. En este proceso existen, tal y como ya se mencionó, y según las finalidades perseguidas así como según el carácter de los respectivos problemas y de los ámbitos investigados, una serie de puntos de vista valorativos que sirven para juzgar cuáles soluciones son las adecuadas. Todas las soluciones contienen, no obstante, y al menos implícitamente, un conjunto de presunciones teóricas que se basan en aquellos aspectos de la realidad que se consideran "interesantes". Dichas soluciones resultan, en consecuencia, plenamente revisables (científicamente).

En todos los ámbitos de la investigación resulta factible partir de un análisis de las situaciones problemáticas y de las distintas soluciones alternativas que se ofrecen al respecto, así como de una comparación de dichas alternativas, considerando con ello los criterios de rendimiento[7] de cada una de esas alternativas, de tal suerte que sea posible averiguar las fortalezas y debilidades y a la vez posibilitar los juicios comparativos. Aquí resulta viable, en todo caso, emprender una búsqueda de nuevas soluciones que eviten, de manera sistemática, todas las debilidades correspondientes. En el caso de la ciencia, por ejemplo, todo este proceso implica la búsqueda de nuevas teorías, modelos y

---

6 Véase Gunnar Anderson, *Kritik und Wissenschaftsgeschichte. Kuhns. Lakatos' und Fegerabends Kritik am Kritischen Rationalismus*. Tubinga. 1988.

7 Albert utiliza aquí el concepto de "Leistungsmerkmale" y entre paréntesis coloca la palabra "Kriterien" de allí que haya traducido simplemente "criterios de rendimiento". Este es uno de los términos claves en la concepción social-tecnológica que desarrollará el autor en lo sucesivo.

explicaciones; en el caso de la economía, la obtención de posibilidades alternativas de producción; y en lo que respecta a la política, el planteamiento de nuevos programas legislativos o constitucionales[8]. Que toda esta actividad o praxis —incluyendo la praxis del saber—[9] requiera, cómo se puede inferir del esbozo presentado, la presencia de juicios de valor o axiológicos, es algo que resulta evidente y que nunca fue, dicho sea de paso, contradicho por el propio Max Weber, quien más bien intentó mostrar cómo y en qué tanto los juicios valorativos pueden ser criticables científicamente.

2. El derecho europeo y el carácter de la jurisprudencia europea

Los puntos de vista expuestos arriba pueden ser utilizados, según mi opinión, para el análisis del Derecho e igualmente de la Jurisprudencia, lo cual conducirá, ciertamente, a una crítica de la Jurisprudencia pura y al planteamiento de una concepción alternativa basada en criterios mucho más realistas. Para esto se requiere, sin embargo, algunas asunciones complementarias que no son del todo evidentes, pero que pueden obtenerse en el ámbito del racionalismo crítico, siempre y cuando la problemática jurídica sea allí manejada adecuadamente. En primer lugar, se debe conceptuar al Derecho, en concordancia con otros muchos enfoques defendidos en la Jurisprudencia, como una actividad humana de carácter cultural. Éste consiste en unos sistemas de reglas que se han desarrollado durante el transcurso histórico de las culturas humanas a partir de unos elementos embrionarios muy primitivos. El Derecho busca, así, solucionar los problemas del control social —es decir, las dificultades de coordinación de las acciones individuales— y sobre todo aquellos problemas que estén en conexión con determinados conflictos de intereses, sean estos reales o potenciales. En fin, se trata aquí de reglas que están más o menos fuertemente ancladas en la vida social, o sea, que han sido (tal y como se dice en la sociología) institucionalizadas y parcialmente internalizadas y que,

8 Véase al respecto mi libro: *Traktat über rationale Praxis,* Tübingen, 1978.

9 En alemán "Erkenntnispraxis".

por ello, resultan efectivas en el sentido de poseer una *vigencia fáctica.*[10]

Ahora bien, existen, como es sabido, muy diferentes tipos de regulaciones normativas de la vida social[11] y el Derecho constituye tan solo uno de esos tipos, aunque de los más importantes para la sociedad moderna. Como es conocido, resulta casi imposible distinguir en las culturas primitivas entre los diferentes tipos de regulación destinados a normar el comportamiento humano. No obstante, resulta interesante que desde un principio es posible identificar un aspecto muy particular en todos estos sistemas de regulaciones normativas (el cual constituye una de las tendencias fundamentales de toda red social), a saber, lo que se podría denominar el *supuesto fáctico de la reciprocidad*[12] o, dicho con otras palabras, el *principio de la retribución,* el cual se manifiesta en la circunstancia de que siempre una prestación y su contraprestación, sean estas positivas o negativas, están de alguna forma vinculadas entre sí.

¿Cómo es posible distinguir el Derecho de otros tipos de regulación normativa? La distinción usual entre nosotros vincula en este contexto, como es sabido, el Derecho con el Estado o con su organización coactiva, utilizando para delimitar el sistema de normas jurídicas, respecto a otras normas, el criterio de que las primeras son ejecutables con ayuda de la fuerza estatal. En este proceso se suele presuponer la existencia de un Estado moderno que, en el sentido de la definición propuesta por Max Weber, posea el monopolio en el uso legítimo de la fuerza. Este es, no obstante, un criterio de demarcación que resulta totalmente inadecuado incluso para la época del Feudalismo, donde un Estado, concebido en los términos señalados, no existía.[13]

---

10 En alemán "faktische Geltung".

11 Rudolph von Jhering distingue, por ejemplo, en su libro *Der Zweck im Recht,* t. I, p. 8, en la edición de Leipzig, 1923. cuatro tipos de normas: las del Derecho, las de la moral, las de la costumbre y las de la moda.

12 "Tatbestand der Reziprozität". El término "Tatbestand" es difícil de traducir. Suele tener el sentido de "supuesto fáctico". Sin embargo, en la jerga jurídica (en especial de los penalistas) se traduce siempre por "tipo".

13 Véase al respecto los análisis del Derecho de querella (Fehderecht) en Otto Brunner, *Land und Herrschaft. Grundfragen der territorialen Verfassungsgeschichte Österreichs im Mittelalter,* 4ª ed., Wien/ Wiesbaden, 1959, o también Ernest Gellner, *Leben im Islam. Religion als Gesellschaftsordnung,* Stuttgart, 1985, donde se expone un tipo muy diferente de ordenamiento social que no distingue entre Derecho y religión.

Por suerte, semejantes problemas de demarcación no requieren en el ámbito cultural una solución demasiado precisa.

Existe, sin embargo, otro problema adicional que tiene que ver directamente con la vía especial[14] tomada por el Derecho en Europa, o sea, con el desarrollo particular de la cultura europea. Este problema fue analizado sobre todo por Max Weber, pero también por otros sociólogos e historiadores, y se ha convertido, desde hace algunos años, en un punto candente de múltiples investigaciones interdisciplinarias.[15] Me refiero al problema que se deriva de la afirmación de que las culturas no-europeas han padecido históricamente de un estado de "ausencia endémica de Derecho",[16] en contraposición con Europa o países influidos por ella, donde el desarrollo histórico particular les ha permitido ocupar una posición especial en materia jurídica. Tan solo en el ámbito del desarrollo jurídico occidental logramos nosotros alcanzar, presuntamente, un Derecho relativamente autónomo que consigue una diferenciación nítida entre instituciones jurídicas y otro tipo de entidades y que cuenta, además, con una "administración" de juristas profesionales quienes, en sus formas de razonamiento, son disciplinados en escuelas especializadas y por medio de literatura técnica, existiendo, por supuesto, una interrelación mutua entre las formas de razonamiento de estos y las instituciones jurídicas.[17] Además, existe en Occidente, tal y como Berman determina, a partir de las "revoluciones papales" de los siglos XI y XII, la concepción de que el Derecho constituye un sistema orgánico que se desarrolla según una lógica interna propia y que goza de primacía frente a la autoridad política. También se estima que hay a lo interno del Derecho una competencia entre diferentes sistemas y jurisdicciones y donde también está presente una relación de tensión entre los ideales jurídicos y la realidad, lo cual ha dado motivo

---

14 Albert se refiere a un "Sonderweg".

15 Al respecto E. L. Jones, *The European Miracle,* Cambridge, 1981, así como el ensayo: "Europa und die Zähmung der Herrschaft", en mi libro: *Freiheit und Ordnung,* Tubinga, 1986, así como la literatura allí ofrecida.

16 "Endemische Rechtslosigkeit". Podría pensarse aquí en un estado de "anarquía"; sin embargo, esta última palabra tiene una connotación negativa que no posee necesariamente el término alemán.

17 Para lo que sigue Harold J. Berman, *Law and Revolution. The Formation of the Western Legal Tradition.* Cambridge, Mass/Londres. 1983. donde se expone en forma magistral las particularidades del Derecho europeo y su desarrollo.

a múltiples reformas y revoluciones, conduciendo, finalmente, hasta el moderno constitucionalismo. Cuando se habla de una ausencia endémica de Derecho, a lo que se desea apuntar exactamente es a la inexistencia de un tipo particular de Derecho, es decir, un Derecho que aspire e involucre la "domesticación del poder"[18] —y que con ello haga imposible los sistemas despóticos—, esto ya que si se conceptúa el Derecho como un mero instrumento de poder —es decir, como un sistema de normas que se imponen por la fuerza— entonces, naturalmente, que sí resulta posible encontrar un Derecho así en todas las culturas. Otra de las grandes conquistas del Derecho occidental consiste, también, en la disolución del Derecho respecto a los vínculos religiosos.

Estrechamente conectado con este desarrollo del Derecho europeo se encuentra, naturalmente, un desarrollo singular de la Jurisprudencia, o sea, de la ciencia jurídica, la cual forma parte, indudablemente, de este mismo sistema de regulaciones típico de Europa. Aparentemente, fue en Europa occidental donde, hacia finales del siglo XI y XII, y en estrecha conexión con el surgimiento de las universidades, se enseñó, por primera vez, el Derecho como un conocimiento sistemático, o sea, como una "ciencia", y a decir verdad, como una ciencia en la cual (según determinó Berman): "las decisiones jurídicas particulares, las distintas reglas y decretos se estudiaban objetivamente y se explicaban con ayuda de determinados principios o verdades generales que se consideraban básicos para el sistema como un todo".[19] Los juristas, educados de esta forma, marchaban a la práctica aplicando las respectivas teorías que habían aprendido, de tal manera que pudieran

> ...otorgar a la enorme masa de normas jurídicas una verdadera estructura y coherencia, contribuyendo, así, a separar los nuevos sistemas jurídicos de los anticuados ordenamientos, que estaban ya difundidos en forma de costumbres sociales o de instituciones políticas o religiosas.

18 "Zähmung der Herrschaft". He traducido literalmente para efectos de mantener la fuerza discursiva de la expresión.

19 *Berman, Law and Revolution... op. cit.*. cap. 3: "The Origin of Western Legal Science in the European Universities", p. 120.

Resulta interesante apreciar que el *sistema metodológico* de los juristas de ese entonces puede interpretarse como un procedimiento *hipotético-deductivo,* en el cual la *experiencia* para aplicar ciertas reglas a casos concretos era percibida como una prueba o *test* de las respectivas reglas y de los *principios generales* supeditados a ellas.[20] No obstante, la gran mayoría de los juristas se ocuparon de la sistematización de las reglas jurídicas existentes en el sentido practicado por la dogmática jurídica posterior.[21] Más adelante, y dentro del contexto del análisis de las concepciones modernas sobre el carácter de la Jurisprudencia, regresaremos sobre esta distinción.

Nosotros tenemos, pues, dentro de las sociedades marcadas por la tradición europea, no solo una cultura jurídica muy particular y unos sistemas de Derecho altamente complejos, sino también una Jurisprudencia que se ha desarrollado dentro de los marcos ofrecidos por esa cultura jurídica y en estrecha relación con esos sistemas, poseyendo toda una serie de funciones muy concretas, dentro de las cuales se encuentra desarrollar dichos sistemas en la dirección de ideales regulativos y de influir de forma práctica en sus estructuras. Todo esto parece conducir a determinadas dificultades, especialmente cuando se considera a la ciencia jurídica tomando como referencia los puntos de vista tradicionales ofrecidos por las ciencias teoréticas e históricas. Pero, además, será posible mostrar, según mi criterio, que las concepciones tradicionales que existen en torno al carácter de la Jurisprudencia no pueden, de ninguna forma, superar muchos problemas.

3. La jurisprudencia como disciplina dogmática

La principal dificultad parece emerger del hecho de que la Jurisprudencia sistemática —o sea la dogmática jurídica— aparenta ser una ciencia práctica, pero en un sentido muy especial de ese término, y cuyos intereses cognitivos están estructurados de una forma muy diferente a como sucede con las ciencias reales en el ámbito teórico o histórico. Quien se aproxime a la ciencia jurídica con las ideas metodológicas que son propias de estas otras ciencias, entonces caerá, efectivamente, dentro de la

20 *Ibid.*. pp. 153 y ss.

21 *Ibid.*. p. 154.

esfera de algunas disciplinas que se cultivan en las facultades de Derecho, pero que allí ocupan un lugar muy marginal, tal y como es el caso de la Sociología del Derecho, de la Criminología, de la Historia del Derecho, etc., es decir, disciplinas que efectivamente analizan el fenómeno jurídico como un hecho social y buscan emitir al respecto enunciados descriptivos o explicativos. Ellas se encargan, por ende, de analizar los aspectos de la vida social que están inmersos dentro del Derecho como si fueran correlaciones de causa-efecto.[22] Naturalmente, que en este proceso existen ciertos *textos* —como las leyes, las colecciones de sentencias, los comentarios y documentos similares, pero también los libros de texto— que juegan un papel muy significativo como *fuentes* y como *hechos,* y que tienen que ser contemplados en todo estudio. Es en este tanto que se emprenden, dentro del marco de estas disciplinas, investigaciones que se pueden adscribir al ámbito de la hermenéutica, es decir, se trata de análisis que buscan desentrañar las relaciones de sentido de su objeto. Pero, entonces, resulta evidente que tales análisis estarían al servicio de la descripción y explicación de las interrelaciones sociales y en ese tanto al servicio de los análisis de tipo causal, tal y como Max Weber percibió correctamente, y quien, dicho sea de paso, combatió con gran agudeza el excesivo empleo de los puntos de vista hermenéuticos en las ciencias sociales y en la filosofía, todo lo cual se debe muy seguramente a la influencia de Martín Heidegger y de sus discípulos.[23]

Pero, entonces, parece que es imposible compatibilizar el núcleo de la Jurisprudencia con aquellos puntos de vista tradicionales en las ciencias reales y ello en virtud de que en esta, tal y como ya se expuso, se busca un tipo de conocimiento con intereses prácticos que pueden ser perfectamente justificados colocando dicha ciencia a lo interno del sistema jurídico. De lo que se trata, en fin, es de ayudar a la praxis jurídica —pero esta no se puede mejorar, por lo visto, acudiendo a la explicación o descripción de las correlaciones de causa/efecto—. Una cien-

22 "Wirkungszusammenhänge". Literalmente se podría hablar de "relaciones o conexiones entre efectos". Sin embargo, ello podría originar dificultades de comprensión. He optado por traducir la palabra a veces como "correlaciones de causa-efecto" o simplemente como "correlaciones causales o reales". El término es importante, pues es uno de los atributos principales que le otorga Albert a las ciencias reales ("Realwissenschaften").

23 Véase mi ensayo: *Hermeneutik als Heilmittel. Der ökonomische Ansatz und das Problem des Verstehens, Analyse und Kritik,* 1989, pp. 1-21.

cia, que esté sujeta al principio de neutralidad valorativa en el sentido de Max Weber, no puede de ningún modo ayudar aquí, se podría argumentar, ya que de lo que se trata es de determinar aquellas normas que puedan emplearse directamente en la toma de decisiones prácticas. Una ciencia que se encargue de encontrar esas normas debe ser, por ende, necesariamente una ciencia normativa. Además, si se tiene en cuenta que las normas en cuestión no se logran obtener sino tan solo por vía de la interpretación de textos, los cuales demandan para sí una cierta autoridad, entonces se tendrá la imagen de una ciencia que, obligatoriamente, debe tener carácter normativo, hermenéutico y dogmático: *normativo* según el *contenido* de sus enunciados, *hermenéutico* según sus *métodos y dogmático* según las *pretensiones* que están conectadas a los enunciados; todo lo anterior siempre y cuando las normas hayan sido correctamente comprendidas.[24]

La interpretación normativa expuesta puede tener algunas dificultades, se dirá, tan solo si se defiende un ideal de ciencia que no resulte alcanzable por este tipo de disciplinas (normativas). Pero ¿por qué es necesario dogmatizar un ideal de ciencia del tipo expuesto e imponérselo a una disciplina como el Derecho que, no solo deriva de una tradición diferente, sino que, además, debe satisfacer demandas muy distintas a las que rigen en las disciplinas naturales, a saber, demandas de carácter totalmente práctico? Ella debe, presumiblemente, aspirar a ese ideal pues tiene la tarea de otorgar a los juristas prácticos los procedimientos necesarios para que estos puedan, por medio de la identificación e interpretación de textos autoritativos, alcanzar ciertas decisiones prácticas pertinentes. Pero, también deben intentarlo ya que en esa medida se involucra en la práctica jurídica, contribuyendo mediante sus aportes al desarrollo continuo del ordenamiento.

No obstante, existe una dificultad aún mayor con la cual deben enfrentarse las disciplinas normativas del tipo indicado, me refiero al hecho de que ellas, a diferencia de las ciencias reales, no pueden orientarse sin más a la idea de la verdad, al menos si se parte de la concepción de que los enunciados normativos no son ni verdaderos ni falsos y si se distingue, por ende, entre

24 Al respecto mi ensayo: "Erkenntnis und Recht. Die Jurisprudenz im Lichte des Kritizismus" (1972), en Gerd Roellecke (ed.), *Rechtsphilosophie oder Rechtstheorie?* Darmstadt, 1988, pp. 289-314.

enunciados cognitivos y normativos, tal y como apunta mi propia concepción en ese respecto.[25] Según ese enfoque los enunciados normativos no entrañan o contienen una exposición de circunstancias fácticas, sino que contienen: a) instrucciones para la acción y b) la asignación de competencias en torno a esas acciones. Ambas cosas son producidas por ciertos "portadores de roles"[26] a lo interno de los sistemas jurídicos y gozan por eso mismo del carácter de una autoridad. Así, pues, quien formule postulados de este tipo declarándolos como vigentes se coloca inmediatamente y *de facto* dentro del rol de una autoridad del tipo antedicho (ello incluso cuando el sistema jurídico no le haya asignado oficialmente un rol semejante). Que dicho sujeto incremente el "conocimiento", en el sentido estricto de este término, es algo que debe dudarse. Igualmente, se debe dudar que los postulados que este emita tengan vigencia, en el sentido jurídico de esa palabra, o que los mismos constituyan normas válidas, pues en el sistema jurídico no se le atribuye a ellos ningún carácter vinculante, al menos, claro está, que sean asumidos por los operadores del aparato judicial.

La ciencia jurídica no produciría, según lo expuesto, conocimientos[27] sino tan solo proposiciones jurídicas cuya vigencia pende directamente de su reconocimiento por parte de los operadores prácticos del Derecho. Ella estaría destinada a ocuparse exclusivamente del manejo de textos, de los cuales habría que derivar, acudiendo a ciertas técnicas de interpretación, las disposiciones o reglas normativas pertinentes para la solución de los casos prácticos. Puesto que todo este proceso tiene que ver, fundamentalmente, con *correlaciones de sentido,*[28] entonces es evidente que no habría que ocuparse en absoluto de las *correlaciones reales o causales* de la vida social.

Con lo anterior he mostrado una imagen de la Jurisprudencia, se dirá, que en esa forma no existe y no es sostenida por nadie como correcta. Se trataría aquí de una *Jurisprudencia Pura,* esto es, una Jurisprudencia que permanece libre e impoluta res-

---

25 Véase mi libro mencionado anteriormente en las notas al pie 1 y 4.

26 El término alemán es "Rollenträgem".

27 "Erkenntnisse". Parece que Albert utiliza aquí, y en el resto del trabajo, el concepto de "conocimiento" en un sentido estricto, para referirse exclusivamente a aquellos saberes que son susceptibles de critica (falsación) científica.

28 En alemán "Sinnzusammenhänge".

pecto a las "contaminaciones" que se desprenden del conocimiento de la realidad social. Efectuar una crítica a este tipo de Jurisprudencia, se continuará diciendo, es un "juego de niños" y una tarea que casi no vale la pena de emprender ya que evidentemente se trata de una caricatura.[29] Los críticos de la llamada "Jurisprudencia de conceptos" pueden quizás apuntar que, en todo caso, es posible encontrar en dicha concepción un parecido muy cercano con la Jurisprudencia pura que aquí se ha expuesto y que de ser así, entonces la "Jurisprudencia de intereses" ya se encargó desde hace mucho tiempo de refutar semejante concepción.

Es cierto que los métodos de la Jurisprudencia de conceptos han caído en desprestigio desde hace mucho tiempo y ello en virtud de que, tal y como fue indicado por Hommes, existe un "desconocimiento de ciertas exigencias básicas" y de que "no se distingue entre la implementación práctica del Derecho y la construcción teorética de los conceptos jurídicos".[30] "La confusión total que se origina de una deficiente distinción en este sentido[...]" continúa argumentando Hommes,

> se manifiesta con toda agudeza en la expresión de Jhering de que la 'Jurisprudencia Superior' genera sus

---

29 En este punto quizás resulta pertinente referirse muy brevemente a la critica efectuada por Bydlinski en torno a mi concepción, véase al respecto Franz Bydlinski, *Juristische Methodenlehre und Rechtsbegriff*, Viena, 1982, pp. 34-41. Este autor parte de la idea de que yo le atribuyo a la Jurisprudencia un carácter totalmente acritico y busco, en cierta medida, ofrecer unas propuestas de reforma destinadas a sanar esa deficiencia. Evidentemente, este autor no se ha enterado de que lo que yo hago es referirme a la discusión entre dos tipos de concepción ya existentes en la disciplina jurídica, mostrando las dificultades que se originan de aceptar la una o la otra. La propuesta de interpretar los postulados de la Jurisprudencia como si fueran enunciados fácticos vigentes en un tiempo y espacios determinados, no deriva directamente de mí, sino que se encuentra ya, por ejemplo, en Alf Ross, a quien yo me adhiero, véase la nota al pie número 22. Es él quien desarrolla esa idea como una critica a la concepción kelseniana del Derecho. Uno no puede, entonces, aceptar las tesis de Ross para, posteriormente, calificarlas como banales y simultáneamente apelar a Kelsen o al Derecho natural moderno, sin incurrir en contradicciones tal y como sucede con Bydlinski, *op. cit.*, pp. 37 y ss. Si uno procede de esa forma, entonces está destinado a fracasar en el estudio del problema, tal y como yo lo veo a la luz del análisis de la Jurisprudencia y de la filosofia del Derecho, y al cual Bydlinski ni siquiera se refiere. Por consiguiente, él no parece haber entendido los puntos principales de mi argumentación y de allí que extraiga consecuencias que no tienen nada que ver con ella.

30 Véase en esto y para lo que sigue a Hendrik Jan Hommes, "Zum Begriff der 'juristischen Konstruktion'. Eine Analyse der Auffassungen von Jhering, Schölten und Meijers" (1965), en Werner Krawietz (ed.), *Theorie und Technik der Begriffsjurisprudenz*, pp. 331 y ss.

> argumentos según un método natural-histórico y que está determinada en su concepción precisamente por métodos técnico-jurídicos tal y como si estos fueran componentes esenciales del Derecho vigente.

A este enfoque le antepone directamente Hommes la tesis de que "sólo la implementación práctica del Derecho por medio de los órganos judiciales que estén legitimados" pueden "generar Derecho vigente o positivo". "Todo Derecho válido" se basa "en una creación técnico-jurídica por parte de los órganos competentes", pero "tal creación técnico-jurídica" no es "nunca una tarea de la ciencia del Derecho en sí". Es cierto que esta tiene, bajo ciertas circunstancias determinadas, "una influencia en el proceso de creación del Derecho", pero ella carece del "poder jurídico o de la competencia necesaria para producir Derecho". Es posible también objetar que (para la Jurisprudencia de conceptos) "el razonamiento jurídico es elevado al rango de Demiurgo del ordenamiento jurídico total".[31] La dogmática jurídica no puede ser, opina Hommes, una disciplina productiva que acude para ello a meras construcciones o que aplica ciertos procedimientos, los cuales reclaman falsamente tener el carácter de puras deducciones lógicas.[32]

En la crítica realizada por Hommes es posible distinguir, al menos, tres elementos distintos que deben, necesariamente, mantenerse separados, a saber:

1) la *exigencia* de que la ciencia jurídica debe ser una disciplina *productiva,*
2) la tesis de que ella *no posee competencia para crear Derecho* y
3) el diagnóstico de que los *procedimientos* empleados por la Jurisprudencia de conceptos en la producción de proposiciones jurídicas no *poseen validez* en sentido lógico.

Para muchos críticos, se podría agregar una idea más:

4) la tesis de que con el empleo de esos procedimientos en la solución de problemas jurídicos no se toma en cuenta las *necesidades de la vida* que resultan verdaderamente relevantes.[33]

---

31 Véase *Hommes, Theorie und Technik... op. cit,* p. 340.

32 *Idem.*

33 Al respecto Philipp Heck, "Die Begriffjurisprudenz" (1912), en Werner Krawietz, *op. cit,* pp. 191 y ss.

El hecho de que las operaciones que se tienen que justificar en el marco de la Jurisprudencia de conceptos no posean "validez" en sentido lógico, ha sido una crítica ya muchas veces reiterada.[34] La apelación a la lógica no hace más que ocultar, según mi opinión, la circunstancia de que muchas veces mediante la construcción de nuevas proposiciones jurídicas se formulan también nuevas normas que anteriormente no formaban parte del sistema y de esa forma se asegura la supuesta "plenitud" del ordenamiento jurídico.

Ahora bien, uno se debe preguntar si el postulado de la "plenitud" hermenéutica del ordenamiento jurídico —y teniendo en cuenta las lagunas que están presentes en todas las fuentes normativas— hace necesario que se tomen decisiones en las que se utilicen las construcciones que cultiva la Jurisprudencia de conceptos.[35] En todo caso, los distintos órganos del ordenamiento jurídico, dotados de las competencias respectivas —como por ejemplo los jueces— tienen que tomar tales decisiones. Ellos *deben*, pues, bajo ciertas circunstancias, y al menos dentro del margen de valoración que les otorgan las regulaciones respectivas, ser *productivos* justamente en el sentido que es criticado por algunos oponentes de la Jurisprudencia de conceptos. El hecho de que ellos en ese proceso tengan que considerar las necesidades de la vida que sean relevantes y además efectuar las correspondientes ponderaciones de intereses, parece ser una exigencia plenamente comprensible. Pero, igualmente comprensible resulta la expectativa de que en ese proceso la ciencia jurídica les ofrezca una ayuda. La pregunta clave es, sin embargo, esta: ¿cómo puede la ciencia del Derecho prestar esa ayuda *sin* extralimitarse en sus *competencias*?

4. UNA JURISPRUDENCIA RACIONAL COMO TECNOLOGÍA SOCIAL

En mi opinión, la ciencia jurídica puede cumplir cabalmente la tarea antedicha siempre y cuando se le conciba, no como una disciplina *normativa,* sino más bien como una *tecnología social.* Si esto se realiza de esa forma, entonces la ciencia jurídica puede

---

34 Véase, por ejemplo, Eugen Ehrlich, "Die juristische Konstruktion" (1918), en Werner Krawietz, *op. cit.*, pp. 208 y ss.

35 Al respecto Eugen Bücher, "Was ist 'Begriffjurisprudenz'?" (1966), en Werner Krawietz. *op. cit.*, pp. 377 y ss.

perseguir los *intereses de conocimiento prácticos* que le son tan característicos *sin* que tenga que renunciar a los *intereses por la verdad,* constitutivos de las ciencias reales. Esto ya que las disciplinas tecnológicas son capaces de aspirar a enunciados cognitivos —o sea susceptibles de verdad y falsedad— que estén organizados de tal forma que puedan utilizarse también prácticamente.

Para poder explicar más claramente en qué sentido se han planteado las tesis anteriores, resulta quizás adecuado acudir a las concepciones sociológico-realistas de la filosofía del Derecho, las cuales, dicho sea de paso, no gozan de mucha estimación en el ámbito alemán. Según el enfoque que defienden los teóricos de estas corrientes, la Jurisprudencia no tiene la tarea de formular normas válidas o normas que sirvan como instrucciones a los individuos en su accionar y que sean, pues, de utilidad en la práctica. Ella tiene más bien la función de analizar ciertas correlaciones causales reales —en específico aquellas que tienen que ver con la regulación de la vida social—. La Jurisprudencia se ocuparía, por tanto, de las normas y sus efectos, entendiendo ambas cosas como supuestos sociales fácticos[36] y estando por ello también en la posición de ofrecer ayuda a la práctica del Derecho.

Los enunciados de la Jurisprudencia deben distinguirse, entonces, con toda agudeza respecto de las disposiciones jurídicas propiamente, las cuales se encuentran en los textos legales de relevancia para la práctica. Los enunciados de la Jurisprudencia son asertos *sobre* el Derecho, esto es, *sobre* las *regulaciones normativas* vigentes en un cierto tiempo y espacio, y *sobre* los *efectos sociales* que de ellas se derivan.[37] Pero, en contraposición a los enunciados de la Historia y de la Sociología del Derecho, estos toman en cuenta los *puntos de vista teleológicos* tan enfatizados por la Jurisprudencia de intereses. Los enunciados de la Jurisprudencia analizan, pues, el potencial de regulación que tienen las disposiciones normativas que se deriven de las propuestas de interpretación consideradas como válidas a lo interno del sistema jurídico en cuestión (o que se deriven de algún otro tipo de disposiciones normativas), pero que en cualquier caso hayan

36 En alemán "sozialen Tatbestände".

37 Véase Alf Ross, *On Law and Justice,* Londres, 1958, pp. 9 y ss., así como el cap. III de mi libro: *Traktat über Rationale Praxis,* véase también Peter Behrens, *Die ökonomischen Grundlagen des Rechts. Politische Ökonomie als rationale Jurisprudenz,* Tubinga. 1988.

sido formuladas para eliminar las lagunas existentes o para desarrollar aún más el sistema jurídico. No se trata, pues, en todo este proceso de una mera constatación de hechos empíricos, sino más bien (tal y como sucede siempre con los sistemas tecnológicos) de un análisis de las posibilidades reales de influir a fondo en determinadas finalidades y valores humanos.

Una concepción semejante de la Jurisprudencia me parece ser muy adecuada ya que las normas del Derecho —así como también otras normas de la vida social— deben considerarse desde el punto de vista de su conveniencia o utilidad real.[38] Ellas no constituyen de ninguna manera metas en sí mismas, sino que están llamadas a colaborar en la regulación del comercio humano y deben, por ende, valorarse según los efectos que tengan en la sociedad.[39] De allí que resulte muy importante para mí, hacer explícitas, en el marco de los enunciados de la Jurisprudencia, todas las metas y las reflexiones relevantes en materia de interrelaciones causales reales. Esto se puede lograr sin muchos obstáculos si tan solo se conceptúa la Jurisprudencia en el sentido de una disciplina social y tecnológica.

De esta manera es también posible enfrentarse adecuadamente a la crítica que se suele esgrimir en contra de la Jurisprudencia de conceptos, y ello por varias razones:

1) Porque la ciencia jurídica no formularía, en este caso, ningún enunciado normativo y de allí que no demandaría para sí ninguna competencia en cuanto a la creación de normas se refiere, lo que dejaría la critica sin objeto.
2) Porque ella podría, entonces, ser una disciplina "productiva", aportando nuevos planteamientos sin sucumbir a la objeción de que está rebasando sus límites, esto ya que los enunciados que emitiría tendrían un carácter cognitivo e hipotético y estarían sujetos, por ende, al examen crítico llevado a cabo desde el punto de vista de la verdad como ideal regulativo.

---

38 Al respecto Rudolph von Jhering, *Der Zweck im Recht... op. cit.*

39 Con ello no se desea, por supuesto, afirmar que no existen otras concepciones en torno a este punto, como puede ser el caso de un enfoque que parta de premisas religiosas, sino que lo que se dice es que hay argumentos importantes en contra de tales concepciones. Véase el ensayo mencionado en la nota al pie 13: "Erkenntnis und Recht", pp. 296 y ss.

3) Porque ella no necesitaría, además de lo indicado, ningún tipo de procedimiento pseudológico, sino que le bastarían los métodos lógicos tradicionales de tipo deductivo.
4) Y porque ella estaría en capacidad de contemplar, por intermedio de la utilización de finalidades hipotéticas idóneas y de un análisis de los posibles efectos relevantes, las necesidades de la vida social tal y como fue exigido constantemente por los defensores de la Jurisprudencia de intereses.

En lo que se refiere al significado práctico de una disciplina conceptualizada en los términos antedichos, este trasciende por mucho lo que según la concepción tradicional hay que esperar de la Jurisprudencia. Por sobre todo resultará posible la construcción de una Ciencia de la Legislación, tal y como se ha exigido desde antiguo, pero en donde los esfuerzos han resultado hasta la fecha muy poco fructíferos. El legislador tiene que ocuparse, fundamentalmente, de los potenciales efectos que vayan a tener las normas por él implementadas, así como de las repercusiones de esos sistemas de normas en el orden social en su totalidad. Ciertamente, en este proceso no se trata tan solo de que el legislador pueda contar con que las normas serán obedecidas en los términos por él deseados. Más bien, se trata de determinar los potenciales efectos que puedan originarse cuando las normas son respectadas en una medida suficiente; es decir, de determinar los efectos que se originen a partir de las regularidades que surgen de las interacciones sociales en el accionar humano, incluyendo también los efectos de aquellas normas que no contengan indicaciones para la acción, sino tan solo la mera asignación de competencias. A la fecha parece innegable que muchas leyes tienen efectos, más bien, contrarios o contra productivos respecto a las finalidades perseguidas por ellas mismas. Piénsese aquí, por ejemplo, en las regulaciones legislativas en el mercado de inmuebles para la vivienda, en el control de precios en otros ámbitos o también las disposiciones en la esfera de la burocracia agraria europea.

Es difícil negar la gran importancia que pueda tener una Jurisprudencia, que se esfuerce por tomar en cuenta los efectos originados por el control social de las regulaciones normativas, tal y como se defiende en mi concepción. Ella sería, en gran medida, una ciencia orientada hacia la práctica. Tal Jurisprudencia se encargarla, además, de apoyar las decisiones que hay que tomar en la vida judicial, ofreciendo los análisis de las distintas interrelaciones entre los fenómenos para ella relevantes. No es necesario, por supuesto, enfatizar que se deben también tomar en cuenta —tal y como se requiere en toda tecnología— los puntos de vista valorativos que se estimen pertinentes, incluyéndoles dentro de la formulación de los problemas prácticos respectivos. Resulta un grave malentendido creer que el pensamiento tecnológico excluye, sin más, la utilización de puntos de vista axiológicos. Incluso dentro del ámbito de la práctica del conocimiento puro,[40] tales puntos de vista juegan un papel importante y todo ello en plena concordancia con el principio weberiano de neutralidad valorativa.[41] Los ideales que resultan fundamentales para la tradición jurídica europea no son, ciertamente, objeto de análisis en esta disciplina, pero pueden, por supuesto, ser tomados también en cuenta.[42] No obstante, resultaría muy positivo si no se les disfraza o enmascara como si fueran conocimientos.[43]

De ahí que resulte ser también un serio malentendido cuando se le plantea el reproche, a la concepción social-tecnológica de la Jurisprudencia, de que ella envuelve una autolimitación excesiva respecto a las funciones de la ciencia jurídica.[44] Todo lo contrario, ella implica más bien una ampliación de su potencial, y esto por varias razones:

1) Ella posibilita el empleo sistemático de la información nomológica que está contenida ya en las ciencias sociales teóricas.
2) Ella no excluye, de ningún modo, los puntos de vista valorativos que surgen en las discusiones sobre problemas jurídicos; solo que estos puntos de vista deben necesariamente hacerse explícitos o ser convertidos en criterios de rendimiento para el sistema tecnológico respectivo.[45]

---

40 Albert se refiere aquí a una "reine Erkenntnispraxis", donde podría pensarse en los conocimientos ofrecidos por la física, la matemática, etc.

41 Véase el libro mencionado en la nota al pie 1 y 4, en el cual explico tales problemas de una forma amplia.

42 A decir verdad como ideales regulativos. Véase mi libro arriba citado: *Traktat über rationale Praxis.*

43 "Erkenntnisse". Recuérdese el sentido estricto en que utiliza Albert este término.

44 Véase, por ejemplo, Ulfried Neumann, "Wissenschaftstheorie der Rechtswissenschaft", en Arthur Kaufmann/Winfried Hassemer (Eds.), *Einführung in Rechtsphilosophie und Rechtstheorie der Gegenwart.* 5ª ed. ampliada y revisada, Heidelberg, 1989, pp. 388 y ss.

45 Por ejemplo, las "exigencias de justicia" planteadas por Neumann.

3) La Jurisprudencia social-tecnológica tampoco excluye los elementos hermenéuticos, tal y como se suele afirmar. Ella rechaza tan solo aquel tipo de hermenéutica en la cual las correlaciones de causa-efecto no tienen ningún papel y lo que se exige es más bien la reelaboración del carácter teleológico de la Jurisprudencia y con ello la explícita formulación de las metas y los efectos posibles. En este proceso puede, por ejemplo, considerarse perfectamente la "voluntad del legislador", además del "sentido literal de la ley".
4) Ella amplía el ámbito de problemas de la Jurisprudencia en tanto exige que se dé una discusión en torno a posibles regulaciones normativas que no están presentes todavía en el Derecho vigente, pero que pueden perfectamente contribuir a su desarrollo ulterior.
5) Ella no sustituye en absoluto, como se afirma, el ámbito de la argumentación racional por las decisiones que tomen ciertos "portadores de roles", sino que más bien libera a la Jurisprudencia de los vínculos respecto a este tipo de decisiones, regresándole la tranquilidad de conciencia que había perdido desde la crítica efectuada a la Jurisprudencia de conceptos.
6) Tampoco se sigue de ella una "renuncia al control racional de los valores y de las decisiones que sean tomadas por los 'portadores de roles'". Más bien, a través de la reelaboración de los potenciales puntos de vista que sean de relevancia para la toma de decisiones, es seguro que dichos controles se incrementarán.
7) La tesis de que un concepto realista de la verdad (según el cual no es posible atribuirle a las normas y a los valores unos criterios de verdad) coloca a la ciencia jurídica en enormes dificultades ontológicas, es una tesis que debe rechazarse por inconsistente.

Todos los problemas que surjan en este sentido es posible discutirlos racionalmente sin que se tenga que sucumbir a alguna de las versiones del "Platonismo de los valores"[46] que se suelen ofrecer como "salvación" para estas dificultades. Según mi opinión, la ciencia jurídica no tiene como tarea alimentar las múltiples ilusiones que se cultivan en el razonamiento de la vida co-

46 "Wertplatonismus" pudo haberse traducido también como "Platonismo-axiológico".

tidiana o las concepciones filosóficas que de allí surgen y que no son capaces del todo de trascender ese tipo de razonamiento.

En lo que se refiere a la idea del "consenso", introducida por Neumann, hay que señalar que ella no resulta en lo más mínimo adecuada para sustituir la idea de verdad. Aquella idea resulta adecuada solo para enmascarar una presunta respuesta al problema de la fundamentación, sin que nos indique, finalmente, qué forma tiene o cómo luce una "fundamentación convincente". La concepción de Apel y Habermas en torno a este mismo punto debería estar ya más que suficientemente criticada,[47] de tal forma que no sería posible venir a introducirla nuevamente en el marco de las ciencias jurídicas como si se tratara de una alternativa consistente o plausible.[48] En contraposición a la teoría consensual de Apel y Habermas, una teoría como la de James Buchanan resulta más aceptable, pues ella no está vinculada con unas pretensiones de verdad.[49] Ella apunta solo a encontrar un criterio de regulación social adecuado y, por lo tanto, no se expone a las críticas que se esgrimen contra la teoría de Habermas y Apel. Además, de que Buchanan introduce y contempla en su concepción, en contraposición a Habermas, la categoría de escasez, cuya importancia para el pensamiento económico resulta siempre crucial.[50]

---

47 Piénsese aquí, por ejemplo, en la critica severa que realiza Albert a K.O. Apel en la obra: *Transzendentale Träumereien. Karl-Otto Apels Sprachspiele und sein hermeneutischer Gott* (Ensoñaciones trascendentales. Los juegos del lenguaje de Karl Otto Apel y su dios hermenéutico), Hamburgo, 1975.

48 Para el análisis de la Teoria consensual véase Herbert Keuth, *Wissenschaft und Werturteil. Zu Werturteilsdiskussion und Positivismusstreit,* Tubinga, 1969, así como mi escrito: *Transzendentale Träumerein.* Hamburgo, 1975; el capítulo IV de mi libro: *Die Wissenschaft und die Fehlbarkeit der Vernunft.* Tubinga, 1982, así como mi critica a Kuhlmann, en *Die angebliche Paradoxie des konsequenten Fallibilismus und die Ansprüche der Transzendentalpragmatik, Zeitschrift für philosophische Forschung,* t. 41, pp. 421-428.

49 James M. Buchanan, *Die Grenzen der Freiheit. Zwischen Anarchie und Leviathan,* Tubinga, 1984.

50 A este respecto se puede estar de acuerdo con la crítica de Homann a la concepción de Habermas, véase Karl Homann, *Rationalität und Demokratie,* Tubinga, 1988, pp. 27 y ss. Con lo anterior no quiero decir que una concepción del consenso que sea más realista -hasta el punto de tomar en cuenta la noción de escasez y de los costos del consenso-, no tenga también sus problemas.

5. LA ECONOMÍA POLÍTICA COMO JURISPRUDENCIA RACIONAL

La concepción aquí defendida por mí —la tesis de una Jurisprudencia racional como disciplina social y tecnológica— no es ciertamente nueva. Es posible mostrar, por ejemplo, que el intento de Hobbes de resolver el problema atinente a un orden social adecuado puede ser visto como una verdadera propuesta socio-tecnológica del tipo aquí expuesto.[51] Igualmente, el desarrollo del pensamiento de la filosofía social en el marco de la Ilustración escocesa logró desarrollar un programa de conocimiento que estaba plenamente orientado a la solución de problemas del tipo aquí señalado, y el cual condujo al mejoramiento de la propuesta planteada posteriormente por Hobbes.[52] La problemática del control y del orden social estaba precisamente en el centro de esta línea de pensamiento, de tal suerte que los problemas del Derecho y la moral fueron analizados ahí como problemas de desarrollo y de repercusión de las regulaciones normativas en la vida social. En ese entonces se trazó, pues, el programa de una ciencia social naturalista. Pero, no fue sino hasta el siglo XIX cuando surgió la economía nacional como una disciplina especializada que se encargaba del estudio de los mecanismos de control del mercado y en la cual los puntos de vista políticos, y con ello las regulaciones jurídicas de la vida social, no fueron jamás dejadas de lado.

En los últimos veinte años se ha dado una serie de nuevos desarrollos en el ámbito del pensamiento económico, donde las regulaciones jurídicas y sus potenciales repercusiones ocupan el centro de atención y donde las reflexiones en torno a los mecanismos del mercado, que hasta hace algún tiempo se consideraban como algo dado y evidente, han cedido terreno.[53] De ahí

---

51 Sobre este punto véanse los análisis de John W.N. Watkins, *Hobbes's System of Ideas. A Studie in the Political Significance of Philosophical Theories,* 2ª ed., Londres, 1973.

52 Al respecto, por ejemplo, J.L. Mackie, *Hume's Moral Theorie.* Londres/Boston/Henley, 1980; también T.D. Campbell, *Adam Smith's Science of Morals,* Londres, 1971; así como Hartmut Kliemt, *Moralische Institutionen,* Freiburg/München, 1985.

53 Véase Eirik G. Furubotn/Svetozar Pejovich (eds.), The *Economics of Property Rights,* Cambridge, Mass., 1974; Alfred Schüller (ed.), *Property Rights und die ökonomische Theorie,* München, 1983; Richard B. McKenzie/Gordon Tullock, *The New World of Economics. Exploration into Human Experience,* ed. rev., Homewood, 1978; Robert H. Frank. *Choosing the Right. Upon Human Behavior und the Quest for Status.* New York/Oxford, 1985, donde también se modifican en forma interesante las asunciones sobre la conducta de que parte la Economía; más recientemente Bruno S. Frey, *Ökonomie ist Sozialwissenschaft. Die Anwendung der Ökonomie auf neue Gebiete.* München, 1990.

que se pueda hablar con cierta propiedad de que la economía política contemporánea —según una antigua idea— puede ser entendida, al menos parcialmente, como un tipo muy particular de Jurisprudencia racional, tal y como esta ha sido expuesta, siempre y cuando ella se ocupe de las potenciales repercusiones sociales que tienen las regulaciones normativas.[54] La economía política sería, entonces, una ciencia de los *mecanismos de control social* influidos *normativamente* (esto es, a través de normas sociales) y de sus *consecuencias* reales en la vida de los miembros de una sociedad específica, y con ello también una ciencia de los *órdenes sociales* que se originan de dicha influencia.

Lo anterior implica, por supuesto, que una ciencia social tal debe valerse, en todo momento, de las *regularidades* sociales dominantes en un cierto ámbito, pues ella tiene como uno de sus propósitos centrales realizar análisis sobre posibles *efectos.*[55] Significa, además, que ella, al igual que toda tecnología, remite esos efectos hasta ciertos *criterios de rendimiento* que se coligen de las *finalidades* o de los *puntos de vista valorativos* que están vinculados con el análisis tecnológico. Las *normas* mismas entran también en consideración como posibles *medios o* instrumentos para lograr los efectos sociales deseados, es decir, se toman en cuenta debido a su posible *rendimiento,*[56] medido este a la luz de los *criterios* que se coligen de unas *finalidades* y de unos *puntos de vista valorativos* hipotéticamente presupuestos.

Una tecnología tiene, pues, como tarea analizar la eficiencia de las normas en cuestión y posibilitar la escogencia (por medio de los "portadores de roles" investidos con la competencia jurídica o legislativa en el sistema social respectivo) de aquellas normas que resulten en este sentido *más eficientes.* De aquí se infiere que una tecnología puede tener también una *función crítica.* La eficiencia resulta ser una medida a la que deben orientarse las normas en cuestión, en lo atinente al rendimiento que puedan satisfacer. En este proceso se puede esperar que los distintos sistemas normativos satisfagan los criterios de rendimiento en

---

54 Véase mi libro citado en la nota al pie 4: *Traktat über rationale Praxis,* cap. III, así como el libro de Peter Behrens mencionado en la nota 20. *Die ökonomischen Grundlagen des Rechts.* No obstante, Behrens opina allí que dicha disciplina (la Jurisprudencia) debe poseer un carácter normativo. *Die ökonomischen Grundlagen... op. cit..* pp. 38 y ss.

55 En alemán "Wirkungsanalysen".

56 El término es "Leistung".

medidas muy diferentes. Qué peso se le atribuya a esos criterios en el proceso de escogencia de las normas, representa una cuestión de compromiso práctico que no puede ser resuelta por la ciencia en forma definitiva, tal y como Max Weber lo percibió.

En el pensamiento económico se ha cultivado durante mucho tiempo la ilusión según la cual resulta posible reconducir todos los efectos originados por los mecanismos de control social a un único rasero de funcionalidad que se colige de la idea de maximización del bienestar. Detrás de todo esto, yace la ficción comunista de que existe una escala valorativa unitaria para la sociedad total, escala que no resulta del todo compatible con el individualismo metodológico del pensamiento económico.[57] Entre tanto, esta ficción ha desaparecido casi en su totalidad y con ella también la idea de reconducir la eficiencia asignada de los medios de producción a una correspondiente función de bienestar. Sin embargo, es obvio que una función tal fracasaría también como punto de referencia para medir la eficiencia de las normas.[58]

En ciertas ocasiones se asume como totalmente necesario complementar el análisis económico con ciertos juicios de valor para así lograr un análisis comparativo adecuado de los mecanismos de control social. Pero esta asunción se basa, presumiblemente, en que no existe claridad sobre el carácter de los juicios de valor y sobre su papel en la praxis del conocimiento. Que toda praxis del saber hace necesarias, en forma constante, decisiones que se basan en juicios de valor, resulta, como es sabido, plenamente compatible con el principio de Max Weber sobre la neutralidad valorativa. Tales juicios de valor deben, naturalmente, orientarse a las finalidades de dicha práctica del saber tal y como esta se manifiesta en las distintas ciencias — incluyendo las ciencias naturales—. Siempre y cuando se trate de disciplinas tecnológicas, entonces los problemas prácticos de

---

57 Esta ilusión fue criticada desde hace más de 50 años por Gunnar Myrdal, véase su libro: *Das politische Element in der nationalökonomischen Doktrinbildung* (1932), 2ª ed., Hannover, 1963, pp. 140 y ss. La critica de Hayek a la economía del bienestar apunta hacia la misma dirección, véase Friedrich August von Hayek, *Freiburger Studien,* Tubinga, 1969, pp. 110 y ss: además el capítulo V de mi libro ya citado: *Traktat über rationale Praxis.*

58 Sin embargo, la eficiencia por asignación ("allokative Effizienz"), en combinación con la idea del óptimo de Pareto como un criterio parcial, se ha logrado mantener en el pensamiento neoclásico, incluso cuando se haga necesario combinar una serie de otros criterios de funcionalidad, véase Peter Bemholz/Friedrich Breyer, *Grundlagen der Politischen Ökonomie,* 2ª ed., Tubinga, 1984, pp. 21 y ss.

los cuales ellas se ocupan estarán siempre marcados por las finalidades perseguidas, finalidades que no son idénticas con las que tienen las disciplinas orientadas a un saber "puro", pues al final de cuentas en las disciplinas tecnológicas se trata de la utilización de conocimientos al servicio de una gran variedad de necesidades de la vida social. De todo esto se desprende una serie de juicios de valor y de decisiones que pueden utilizarse en la construcción de un sistema de enunciados tecnológicos. A este sistema pertenecerían también aquellas decisiones sobre la elección de los criterios de rendimiento que sean decisivos para ese sistema. El hecho de que en el trasfondo de esa elección se encuentren unos *juicios de valor,* que representan una serie de exigencias prácticas para las tecnologías en cuestión, no convierte, *de ninguna forma,* a los enunciados de esta elección en *juicios de valor.* Si se logra determinar, por ejemplo, que ciertos tipos de mecanismos de control fomentan la libertad de consumo o la llamada soberanía del consumidor en una medida mucho mayor que otros tipos de mecanismos, ello no constituye, de ningún modo, un juicio de valor, sino más bien un enunciado común y objetivo, aunque, por supuesto, la *elección* de las categorías de "libertad de consumo" y "soberanía del consumidor", como puntos de referencia del análisis, implica una valoración que se desprende de las finalidades del análisis tecnológico. Si la elección de ciertos criterios para un análisis condujera *ipso Jacto* a que estos criterios fueran a su vez juicios de valor, entonces existirían solo juicios axiológicos incluso en la esfera de las ciencias naturales. En el ámbito de las ciencias sociales parecen existir muchos teóricos, para los cuales una precisión tan trivial como esta no resulta del todo clara.

Adicionalmente, muchos teóricos no parecen tampoco tener claro que la discusión en torno a la elección de los criterios de rendimiento no implica, de modo alguno, la utilización de juicios axiológicos. Es posible discutir los problemas normativos de una manera "valorativamente neutral", esto es, sin la utilización de juicios de valor, ello ya que uno se puede vincular en la discusión a parámetros relativamente objetivos. Es recomendable, según mi parecer, y en interés de la "objetivación" del debate, prescindir, en la medida de lo posible, de tales juicios.[59]

---

59 Una renuncia tal se hace seguramente muy difícil para los seguidores del "Platonismo de los valores", quienes tienden a analizar todas las preguntas valorativas como si fueran

Como podría yo suponer, y como creo haber demostrado, los teóricos que desean utilizar los conocimientos de las ciencias sociales para la construcción de sistemas tecnológicos y de esa forma facilitar la solución de problemas prácticos, no tienen, sin embargo, por qué renunciar en sus discusiones a las referencias valorativas (y ello incluso cuando no tengan la pretensión de poseer conocimientos especializados sobre esos valores o cuando crean poder conducir una discusión sin utilizar esos juicios). En una discusión tal, a los defensores del *Platonismo de los valores* no les resultará de mucha utilidad ni la apelación a ciertas intuiciones —llamadas "conocimiento de los valores"— ni el empleo de los correspondientes juicios axiológicos, que, por otro lado, no resultan para otros sujetos accesibles o inteligibles por vía alguna.

Una interpretación tecnológica de la Jurisprudencia, tal y como la que he querido proponer en este trabajo, no implica, de manera alguna, limitaciones que puedan, de algún modo, impedir la discusión sobre problemas prácticos. En ella se renuncia, simplemente, a ciertas ilusiones que, dicho sea de paso, no ayudan para nada en la discusión.

---

preguntas sobre esencias y para cuya solución se deben emplear ciertos puntos de vista intuitivos de un tipo especial.

III

La ciencia jurídica como ciencia real
El derecho como hecho social y la tarea de la jurisprudencia[1]

Hans Albert

1. La ciencia real del derecho y el problema del carácter de la jurisprudencia

Mi punto de partida lo constituye la tesis de que la ciencia puede entender y analizar el Derecho como un hecho social y que, por consiguiente, este puede presentarse como una disciplina que parte de explicaciones teoréticas estrictas. Es decir, que puede existir una ciencia jurídica en forma de una ciencia real, entendida esta última en su sentido tradicional; a saber, como una ciencia teórica en la forma que es interpretada por la teoría de la ciencia moderna. En fin, hacia lo que apunto es hacia una ciencia entendida a la manera de un naturalismo en el cual se admita, entre otras cosas, el principio de causalidad, resultando por ello posible aspirar a explicaciones de este tipo (causales).[2]

Si el Derecho constituye, pues, un hecho o un supuesto fáctico de la vida en sociedad, entonces la ciencia jurídica debe ser

1 Título original del texto: "Rechtswissenschaft als Realwissenschaft. Das Recht als soziale Tatsache und die Aufgabe der Jurisprudenz", publicado en *Nomos Verlagsgesellschaft. Würzburger Vorträge zur Rechtsphilosophie, Rechtstheorie und Rechtssoziologie,* ed. por Hasso Hofmann, Edgar Michael Wenz y Dietmar Willoweit, cuaderno núm. 15, Baden-Baden, 1993.

2 Naturalmente, se trata aquí de un principio de causalidad entendido en sentido lato, dentro del cual se puedan incluir también explicaciones que operan sobre la base de leyes estocásticas.

entendida como una ciencia social. Uno de los problemas más importantes de las disciplinas sociales modernas desde su surgimiento en el siglo XVII —y sobre todo en el marco de la concepción filosófica de Thomas Hobbes— es justamente el problema del orden social, el cual puede formularse en los siguientes términos: ¿Cómo es posible la existencia de un orden social? ¿Cuáles son las condiciones de posibilidad de dicho orden? ¿En qué circunstancias se puede contar con que ese orden social va a surgir, o en su defecto, que cualquier otro tipo de orden se hará presente? Esto, ya que como se sabe pueden coexistir muy diversos ordenamientos sociales que se diferencian en sus características básicas. El Derecho forma parte, por lo visto, de aquellos fenómenos sociales cuyo tratamiento debe darse en el marco de esta problemática. Es en este contexto que el Derecho juega, para Hobbes, un papel central.

Ahora bien, el Derecho es, sin lugar a dudas, también objeto de la Jurisprudencia (ciencia del Derecho) tal y como esta se enseña en las facultades jurídicas. Uno puede plantearse la pregunta de si este tipo de Jurisprudencia se puede analizar, como una ciencia real en el sentido ya apuntado, o si entre esta Jurisprudencia y una ciencia real del Derecho, puede existir algún tipo de vínculo que se corresponda con la descripción por mí ofrecida. Con el hecho de plantearse estas preguntas se cae, inmediatamente, en la controversia actual que gira alrededor del carácter de la Jurisprudencia y con ello, simultáneamente, en la controversia sobre los métodos científico-sociales. No resulta de manera alguna evidente, que la Jurisprudencia pueda entenderse como una ciencia del tipo mencionado, aunque resulta innegable que ella se basa en y tiene por objeto el Derecho vigente. Ahora, incluso en el caso de que lo dicho fuera incorrecto, lo cierto es que los nexos de la Jurisprudencia con una ciencia real de la naturaleza indicada no resultan siempre claros desde un inicio.

La objeción contra la cual uno puede chocar es, en primer lugar, que la Jurisprudencia no tiene nada que ver con el ser (Sein), sino más bien con el *deber* (*Sollen*) y que por ello no se trata de meros *hechos* —al menos no de hechos tradicionales tal y como es posible encontrar en las ciencias naturales—, sino más bien de normas, con lo cual no se aspira a ofrecer *explicaciones*[3]

3 Téngase presente para todo lo que resta del trabajo la distinción, hoy día ya común, entre: "erklären" (explicar) y "verstehen" (comprender).

—como las de las ciencias naturales— sino tan solo a comprender los fenómenos. En resumen, uno tendría que hacerse a la idea de que en este ámbito de problemas se tiene que renunciar al naturalismo y buscar una ciencia de una estructura muy distinta, la cual se apoye también en métodos muy diferentes a los empleados en las disciplinas naturales.

Las objeciones anteriores ganan en plausibilidad si se considera la función que cumple la Jurisprudencia, así como las tareas de esta en el marco de la vida social. Con el empleo de la Jurisprudencia se trata, por lo visto, de un mecanismo para preparar soluciones adecuadas que puedan utilizarse en la práctica jurídica. Estas soluciones deben, por su parte, obtenerse acudiendo directamente a las normas —o cuando menos dentro del contexto que ellas ofrecen— y debiendo ser comprendidas cabalmente para así poder adoptar las soluciones respectivas. Las normas en cuestión no deben, sin embargo, interpretarse como si sus contenidos fueran arbitrarios; todo lo contrario, suele suceder —al menos en la mayoría de los casos— que ellas se presentan como algo preexistente que debe sencillamente ser aceptado. En virtud de que las normas, por lo general, no se ponen en tela de duda —ni por parte de juristas prácticos ni por los representantes de las ciencias jurídicas— entonces debe colegirse que estas son presupuestas y admitidas como dogmas. Con dicho término no se apunta, de manera alguna, a un "dogmatismo" en el sentido peyorativo, sino más bien a la ausencia de arbitrariedad que las normas deben entrañar. De allí que las hipótesis en torno a la interpretación correcta de las normas serían plausibles y ello sería competencia o asunto de la Hermenéutica como la ciencia de las interpretaciones correctas o en todo caso de un procedimiento (hermenéutico) a utilizar por parte de la Jurisprudencia.

La ciencia jurídica sería, según lo anterior y en contraposición a una ciencia real de tipo naturalista, una disciplina más bien dogmática, normativa y hermenéutica en el sentido ya apuntado.[4] Esta se dedicaría a encontrar dogmáticamente —o sea por medio de dogmas— y con ayuda de la Hermenéutica, es decir,

---

4 Respecto a este punto recuérdese el apartado III: "La Jurisprudencia como disciplina dogmática" en el anterior ensayo (Hacia una crítica de la Jurisprudencia Pura). Allí Albert expone en detalle las criticas contra este tipo de enfoque.

de métodos que posibiliten la comprensión, ciertos enunciados jurídicos fundados normativamente.

Deseo señalar explícitamente desde ya, que una concepción tal resulta plenamente plausible —y de ningún modo absurda— y, además, indicar que en la fundamentación de ese enfoque (en la forma breve que se expuso) entran en consideración muchos elementos que veo como aceptables, aunque no pueda admitir las consecuencias que de ellos se derivan. Tendríamos aquí, en todo caso, una alternativa muy factible respecto a la concepción naturalista de la ciencia jurídica de la que yo parto. En el supuesto de que se llegue a admitir una ciencia jurídica tal —y no creo que se pueda clausurar *a priori* su posibilidad de existencia— resultarla necesario, en todo caso, aclarar la cuestión de los vínculos presentes entre la Jurisprudencia y una ciencia real del Derecho del tipo mencionado. Es difícil admitir que ambas disciplinas resulten totalmente irrelevantes la una para la otra. Antes de pasar a este punto deseo mencionar aquellos aspectos que sirven para la fundamentación de una Jurisprudencia de tipo no-naturalista que me parecen aceptables, o en todo caso, muy dignos de consideración. Se trata, en lo esencial, de tres puntos:

1) La ciencia jurídica debe tomar muy en cuenta la vigencia real de las normas. Esta no puede, por tanto, implementar el Derecho de forma arbitraria. Este es precisamente el núcleo correcto de la concepción "dogmática", si se le quiere llamar así.
2) Ciertamente la cuestión central apunta, entre otras cosas, hacia la comprensión de los preceptos normativos que organizan las relaciones sociales; es decir, hacia la comprensión de las normas (tal y como acentúa la concepción normativista).
3) Se debe tratar siempre de entender los diversos componentes con sentido[5] del acontecer social empleando, si fuera el caso, métodos comprensivos,[6] tal y como lo exige el enfoque hermenéutico.

La pregunta crucial es, sin embargo, si todo lo dicho está en contraposición respecto al naturalismo. Mi opinión es que no, y ello por las siguientes razones:

---

5 En alemán "sinnhafte Komponenten".

6 El término original es "verstehende Methoden".

1) Si uno quiere tomarse en serio el problema de la vigencia real de las normas, ello no tiene porqué conducir a un enfoque meramente dogmático en los términos ya descritos. Es posible plantear hipótesis sobre las normas realmente vigentes (o incluso potenciales) sin que uno se vea compelido a aceptar esas normas, en el sentido de criterios esenciales, o de vincular a ellas pretensiones estrictamente normativas.
2) Para el tratamiento y comprensión de las normas no se requiere necesariamente de una ciencia normativa. Para tales efectos se puede emplear perfectamente una ciencia real que se ocupe de las normas como si se tratara de supuestos o tipos fácticos[7] para el control social.[8]
3) La utilización de métodos comprensivos no tiene porqué conducimos a una ciencia de tipo especial, tal y como algunos defensores de la Hermenéutica pretenden alcanzar. Max Weber, por ejemplo, intentó siempre lograr explicaciones en el sentido de una comprensión, esto es: explicaciones de tipo causal que tomaran en cuenta los componentes significativos del acontecer social, valiéndose para ello del empleo de métodos comprensivos.

Uno podría afirmar que existe al menos una ciencia real en la cual se respetan todos los puntos arriba señalados, a saber: en la Sociología del Derecho, tal y como esta fue entendida, por ejemplo, por Max Weber. Esta lucha por alcanzar explicaciones comprensivas[9] de los diferentes fenómenos jurídicos, empleando para ello hipótesis teóricas y esforzándose por explicar el orden social, cuyo núcleo está dado, precisamente, por el Derecho.[10]

Todo lo dicho resulta correcto, podría alguien objetar, pero justamente en ello radica la diferencia entre la Sociología del Derecho y la Jurisprudencia. La primera puede, ciertamente, ser considerada una ciencia real del Derecho en sentido estricto. In-

---

7 La palabra utilizada por Albert aquí es. tal y como ya se mencionó. "Tatbestand" o su plural "Tatbeständen".

8 Véase el cap. III: "Das Problem der sozialen Steuerung und die Idee einer rationalen Jurisprudenz" de mi libro: *Traktat über rationale Praxis,* Tubinga 1978: también Peter Behrens, *Die ökonomischen Grundlagen des Rechts. Politische Ökonomie als rationale Jurisprudenz,* Tubinga. 1986.

9 En alemán "verstehende Erklärungen".

10 Véase al respecto Michael Baurmann. *Der Markt der Tugend. Recht und Moral in der liberalen Gesellschaft* (en prensa).

cluso bajo determinadas circunstancias se puede estar dispuesto a hablar aquí de un naturalismo. Pero la Jurisprudencia —se continuará objetando— es una ciencia del Derecho orientada a la práctica que no tiene en lo más mínimo como tarea lograr explicaciones de este tipo, sino más bien preparar el terreno para la toma de decisiones concretas, tal y como ya se mencionó.

Es, precisamente, en lo expresado, aquí donde radica la diferencia entre las funciones de ambas disciplinas, y de allí que el carácter de la una es totalmente diferente al de la otra.

Un argumento tal podría yo aceptarlo sin muchos reparos. No obstante, a ello vincularía yo la pregunta de qué se sigue de ahí para el carácter de la Jurisprudencia. También las ciencias de tipo naturalista pueden contribuir a la toma de decisiones y de hecho lo hacen en gran medida. Ahora bien: ¿cómo lo logran? Una tarea tal la pueden ejecutar, desde mi punto de vista, únicamente si permiten el empleo de criterios tecnológicos o más simplemente, de tecnologías.

¿Y qué son las tecnologías? Los sistemas de enunciados tecnológicos son aquellos, expuesto de manera sintética, que contienen distintas posibilidades de acción, obtenidas estas a su vez de otros enunciados que versan sobre correlaciones causales. Los enunciados tecnológicos responden, pues, a la pregunta: ¿Qué se puede hacer para alcanzar determinadas finalidades? Ellos contribuyen, por lo tanto, a prepararse para la toma de decisiones, pero de ningún modo le indican a quien actúa, qué debe hacer, sino tan solo qué puede hacer para lograr las metas propuestas.

2. Normativismo y tecnología social: dos interpretaciones posibles de la jurisprudencia

En lo sucesivo podemos mantener en mente la posibilidad de que la Jurisprudencia sea interpretada tecnológicamente. Estoy consciente de que la palabra "tecnología" no resulta especialmente querida dentro del contexto social y ello en virtud de que muchas veces se asocia —de manera totalmente errónea y arbitraria— con el término "tecnocracia". Quizás si se emplea el concepto de "arte"[11] –lo que apunta eventualmente a lo mismo– entonces la cuestión se torna más aceptable. Pues se podría tener en mente una interpretación de la Jurisprudencia en el sentido de una tecnología social, es decir, de un "arte" que sirva para preparar la toma de decisiones de cierto tipo. De esta manera, muy sencilla, resultaría plenamente explicable la relación entre una ciencia real del Derecho y la Jurisprudencia, donde esta constituiría así el correlato social-tecnológico de la ciencia real.

Tenemos ahora, pues, al menos dos posibles interpretaciones alternativas de la Jurisprudencia entre las cuales escoger, a saber:

1) una interpretación que se corresponde precisamente con la concepción *normativista* y cuyas relaciones con las ciencias reales no han sido del todo explicadas, y;
2) una interpretación *social-tecnológica* que entraña una relación directa con las ciencias reales del Derecho.

En el caso de la primera opción, se podría opinar que la Jurisprudencia está en capacidad de determinar el *deber (Sollen)*, y en el caso de la segunda, se está en capacidad tan solo de constatar un *poder (Können)*. Sería entonces evidente, se dirá, que se tiene que preferir la primera variante mencionada ya que ella permite una mejor toma de decisiones.

Pero, la pregunta clave es si puede existir una ciencia normativa, esto es, una ciencia que en lugar de enunciados cognitivos genere enunciados puramente normativos, o sea aquellos que no son susceptibles de calificarse como verdaderos o falsos. Normalmente se suele exigir a toda ciencia, incluyendo a la Jurisprudencia, que cumpla cuando mínimo la tarea de aspirar al conocimiento. Como defensor de la concepción puramente normativa uno estaría inclinado, pues, a rechazar de plano la nítida distinción entre enunciados cognitivos y normativos que he realizado arriba. La interrogante es, nuevamente, la siguiente: ¿existe algo así como un "conocimiento normativo"? Quien asuma esto, entonces tendrá también que asumir que los enunciados normativos tienen un carácter cognitivo y que, por tanto, están sujetos a la verdad o falsedad. Ciertamente existen con-

11 "Kunstlehre". Literalmente se trata de una "teoria del arte", pero el concepto no es usual en español donde a veces se habla más bien del Derecho como un "arte" a secas.

cepciones filosóficas que afirman algo por el estilo, por ejemplo, la filosofía fenomenológica de los valores de Max Schelers o el intuicionismo de George Moore, que operan a partir de atributos no-naturales. Sin embargo, estas concepciones no han logrado soportar —hasta donde alcanzo a ver— la crítica que se les ha hecho. Ellas presuponen una ontología que resulta inaceptable y postulan así determinadas ideas para cuya existencia no hay punto de referencia alguno.[12] Por el momento, me limitaré, pues, a estas pocas alusiones partiendo del supuesto de que cualquier tipo de "Platonismo de los valores" o "Platonismo de las normas"[13] resulta simplemente inaceptable.

Uno podría señalar que los enunciados normativos de una Jurisprudencia tal, resultan ser tan solo consecuencias lógicas de las normas ya preexistentes y, por consiguiente, derivables, a su vez, de otros enunciados normativos cuya vigencia debe presuponerse obligatoriamente. Por lo tanto, de lo que se trata aquí es de comprobar la corrección de las derivaciones lógicas efectuadas y no de una interpretación cognitiva de los postulados normativos. Según esto, pues, la función de la Jurisprudencia consiste solamente en la edificación de conjuntos de derivaciones lógicas, lo que no parece aceptable del todo. De allí que no se podría, entonces, seguir hablando de una hermenéutica.

En todo caso, se debe tomar muy en cuenta el hecho de que en esta disciplina se cultivan, con gusto, las propuestas de interpretación de los enunciados normativos, pero que tales propuestas no pueden provenir, a su vez, de otros enunciados normativos preexistentes, ya que estos últimos sencillamente no existen. Éstos no podrían, por su parte, tampoco derivarse o provenir de relaciones fácticas que sean formuladas con la ayuda de enunciados puramente cognitivos (o capaces de ser juzgados como falsos o verdaderos), pues, tal y como es conocido, los enunciados sobre hechos empíricos no se pueden derivar de enunciados normativos y si ello se hiciera se incurriría inmediatamente en una falacia naturalista.

Permanecen, pues, como soluciones a esta encrucijada dos vías concretas: o bien renunciar a la concepción normativa que

---

12 Al respecto, por ejemplo, la crítica de J. L. Mackie, *Ethik. Auf der Suche nach dem Richtigen und Falschen*. Stuttgart, 1981 ; Viktor Kraft, *Grundlagen einer wissenschaftlichen Wertlehre*. 2ª ed., Viena 1951; también en Albert/Topitsch (edit.). *Werturteilstreit*, 2" ed., Darmstadt, 1979.

13 Albert se refiere a un "Wert- und Normen-Platonismus" respectivamente.

se vincula con las propuestas antedichas y que reduce la tarea de la Jurisprudencia a una actividad puramente hermenéutica, o bien se busca fundamentar las exigencias normativas de una manera muy distinta. La primera vía es la tomada por la Teoría Pura del Derecho sobre la cual retomaré posteriormente.

Ahora bien, la Jurisprudencia debe circunscribirse, y ello incluso para la concepción normativista, al Derecho realmente vigente en una cierta época y lugar, y de esa forma a ciertas correlaciones fácticas, es decir, a unos hechos de determinado tipo. Ella está llamada, pues, a identificar e interpretar el Derecho vigente o mejor aún: a identificar, con ayuda de las distintas propuestas de interpretación, ese Derecho y a partir de este fundamento tomar decisiones adecuadas, o sea, decisiones que se desprendan como una aplicación certera de las respectivas normas.

De esta forma hemos introducido el concepto de "vigencia fáctica" y surge inmediatamente la pregunta en torno al carácter de este concepto. ¿Resulta posible comprender con su ayuda algunos hechos de importancia? De ser así, entonces los enunciados sobre la vigencia fáctica de las normas no serían otra cosa más que enunciados sobre hechos sociales, a partir de los cuales sería imposible derivar consecuencias normativas. ¿O se trata esta más bien de una noción normativa, de tal manera que los enunciados sobre la vigencia fáctica de ciertas normas tengan, a su vez, el carácter de un enunciado normativo? Pero, entonces, sucedería nuevamente que ella no sería posible de derivar a partir de los conocimientos sobre supuestos fácticos. La remisión al Derecho vigente conduce, en la realidad y bajo ciertas circunstancias, a considerables dificultades que son prácticamente imposibles de superar en el marco de la concepción normativa. Estas son, justamente, las dificultades de una Jurisprudencia pura, es decir, de una ciencia jurídica sin relación alguna con los hechos de la vida social.[14]

14 Véase mi ensayo: "Zur Kritik der reinen Jurisprudenz. Rechi und Rechtswissenschaft in der Sicht des kritischen Rationalismus", en *Internationales Jahrbuch für Rechtsphilosophie*

3. La sociología del Derecho y las explicaciones comprensivas de los hechos sociales

La Sociología del Derecho se auto-percibe generalmente como una ciencia real en el sentido tradicional. Ella analiza el Derecho como si fuera un hecho social, a decir verdad, como si fuera una parte del ordenamiento social. Para ella lo fundamental consiste en las explicaciones de los ordenamientos sociales en los que el Derecho juega un papel central.[15] Tales explicaciones deben ser, tal y como se dijo, explicaciones en un sentido comprensivo y en las cuales se dilucide cabalmente el funcionamiento de los sistemas sociales a partir de la interrelación mutua de las acciones —y con ello de las decisiones de las personas involucradas, de los funcionarios y de los órganos jurídicos—. En todo este proceso se trata, por sobre todo, de explicar el funcionamiento de determinados mecanismos jurídicos de sanción y con ello simultáneamente de la aplicación y ejecución de normas, las cuales deben ser, por supuesto, comprendidas por las personas afectadas para que así puedan jugar un papel en la toma de decisiones.

De una importancia decisiva en todo esto resulta, finalmente, la comprensión de las conductas de los individuos —o sea de los "portadores de un rol" dentro del complejo engranaje social— que resulten relevantes en el proceso explicativo, como podría ser, por ejemplo, las conductas de los jueces, de los funcionarios administrativos, de los policías, pero también es importante considerar la conducta de otros individuos que pertenezcan al ámbito del ordenamiento social en cuestión. En las decisiones que adopten todos estos sujetos resulta muy importante, entre otras cosas, la llamada "definición de la situación", esto es, el tipo de percepción que ellos tienen de su situación social particular —situación esta que debe estar contenida en las normas jurídicas relevantes— o sea, en aquellas normas que resultan importantes para orientar sus acciones. Estas normas pertenecen a los componentes que dan sentido a esas acciones y de allí que su identificación, por un lado, y su aplicación en la toma de decisiones, por el otro, estén conectadas o tengan

---

und Gesetzgebung, 1992, pp. 343-357, así como mi discusión final con Robert Walter, pp. 358-364 [Este artículo es el que se encuentra en la primera parte de este libro].

15 Theodor Geiger, *Vorstudien zu einer Soziologie des Rechts*, Kopenhagen, 1947.

una relevancia causal. Tal y como ya mencioné, fue Max Weber quien reconoció que se pueden explicar causalmente todas las conductas dotadas de sentido.[16]

Existe, desde hace mucho tiempo, una discusión sobre los conceptos de razón y causa, discusión esta donde algunos teóricos emplean esa distinción para separar lo que es la comprensión de las acciones, por un lado, y su explicación, por el otro, y donde se supone que en las explicaciones no hay lugar alguno para las conductas dotadas de sentido —y tampoco para su comprensión—. Esta posición resulta, desde mi punto de vista, insostenible. Las conductas dotadas de sentido se destacan por el hecho de que en ellas las razones se convierten en causas; así como también en los eventos motivacionales[17] la causalidad tiene un papel importante.[18]

El fenómeno de la motivación es, según lo que se sabe hoy en día, una cuestión altamente compleja de la cual se ocupan los psicólogos y científicos sociales, interesados en explicar el accionar humano, con grados variables de éxito. Junto a los factores puramente cognitivos parece que juegan un papel decisivo también en la motivación otro tipo de factores como, por ejemplo, aquellos que sean de interés personal para quien actúa. En todo ello hay que considerar, naturalmente, el interés por una solución adecuada; interés este que puede estar apoyado en ciertas convicciones normativas y que, bajo determinadas circunstancias, puede ser plenamente compatible con los intereses de quien actúa, o sea, ser aceptado como si fuera un interés propio, de tal forma que la persona no actúa de conformidad con la norma solo porque teme a las posibles sanciones que acarrean las normas en cuestión, sino por convicción personal.[19]

Quien desee explicar, pues, tales decisiones o fenómenos debe estar también familiarizado con el Derecho, por ejemplo,

---

16 El concepto alemán es "sinnhaftes Verhalten".

17 "Motivationsgeschehen". Se podría hablar aquí simplemente de "motivación" para evitar confusiones de redacción innecesarias.

18 Con propiedad se puede hablar de una "causalidad en el motivo" ("Motivkausalität"), véase Arthur Schopenhauer. *Die vierfache Wurzel des Satzes vom zureichenden Grunde* (1813), Hamburgo, 1957.

19 Viktor Vanberg/Roger D. Congleton, "Rationality, Morality and Exit", *American Political Science Review*, vol. 86, núm. 2, 1992; Hartmut Kliemt. *Normbegründung und Normbefolgung in Ethik und Ökonomik, Zeitschrift für Betriebswirtschaft.* 1992, pp. 91-105; Michael Baurmann. *Der Markt der Tugend.*

porque está obligado a reconstruir el proceso de decisión de un juez (lo que bajo ciertas circunstancias es una tarea extremadamente compleja). Lo que de este proceso se derive es indudablemente una explicación de tipo comprensivo, tal y como resulta viable en el marco de un naturalismo bien entendido, es decir, una explicación causal que subyace a las regularidades presentes en la voluntad y en el accionar, y que resulta posible de investigar psicológicamente. Uno deberá aquí conformarse, sin embargo, tan solo con un esbozo explicativo muy general en lugar de una exposición detallada de las correlaciones a partir del esquema usual de explicación.[20] Si, además, el interés por una decisión correcta parece estar justificado, de tal forma que no resulte contradicho por ningún otro motivo, entonces es posible considerar una explicación tal como suficiente. Naturalmente, que una orientación de las acciones según las normas no implica, sin más, que se esté actuando de conformidad con ellas. Pueden efectivamente surgir ciertos motivos —incluso a lo interno de los órganos jurídicos— que hagan que el Derecho vigente sea violentado. La orientación según los lineamientos del Derecho vigente tiene, por lo visto, una importancia decisiva incluso en la percepción de las demás personas, por ejemplo, en la percepción que se tenga de un comerciante que ha optado entre distintas formas de sociedad para su empresa, la cual puede subordinarse a intereses de mero lucro o a la supresión de ciertos riesgos.

4. EL PROBLEMA DE LA VIGENCIA FÁCTICA DE LAS NORMAS

Quizás resulte recomendable regresar aquí al problema de la vigencia fáctica de las normas, el cual es objeto también de la Sociología del Derecho. Es apropiado, en primer lugar, definir el concepto de vigencia fáctica de tal forma que uno se vincule directamente a la eficacia de las normas respectivas para regular el comportamiento. Las normas que sean capaces de ejercer un cierto efecto en la conducta de una población determinada, en el tiempo y en el espacio, pueden considerarse como "vigentes fácticamente". Sin embargo, este sería un requisito demasia-

20 Véase mi presentación en el ensayo: "Erkenntnis und Recht. Die Jurisprudenz im Lichte des Kritizismus" (1972), en el libro de Gerd Roellecke (ed.), *Rechtsphilosophie oder Rechtstheorie,* Darmstadt, 1988, pp. 289-314, y en especial las pp. 303-307.

do simple de satisfacer. Él no es suficiente ya que es posible una orientación conforme a las normas que esté vinculada con una infracción de las mismas.[21] Incluso aquí resultan ser las normas en cierto sentido efectivas, en lo atinente, a la regulación de la conducta. Para tener en cuenta esta posibilidad se podría exigir la plena conformidad de las conductas de los individuos para con las normas, pero entonces este sería un requisito demasiado difícil de satisfacer, originando que el concepto de vigencia fáctica no fuese utilizable. Uno querría, seguramente, atribuirle vigencia fáctica también a un sistema de normas que esté tan afianzado en una determinada sociedad, que cuando las normas son lesionadas y esta lesión se determina con certeza, entonces se reacciona inmediatamente con una sanción en concordancia con dichas normas. De allí que el sociólogo Theodor Geiger efectuara la propuesta de determinar la "realidad" de una norma —y así aquello que ha de entenderse bajo la noción de vigencia fáctica— acudiendo a su "oportunidad de efectos alternativos".[22][23] De esta manera, la vigencia fáctica adquiriría, según él, una magnitud plenamente mensurable y con ello podría incluso graduarse. "Una norma", afirma Geiger, "no resulta ser simplemente vigente o no vigente, sino que más bien es vinculante en grados más o menos diversos. Ciertas normas son respetadas o también ejecutadas con más rigor que otras". Contra un concepto semejante de vigencia fáctica existen, no obstante, objeciones serias que, lamentablemente, no pueden ser tratadas en este lugar.[24]

Como solución a todas las dificultades apuntadas se puede remitir el concepto de vigencia fáctica hasta la "voluntad del legislador", de tal suerte que así el deber (*Sollen*) se retrotraiga hasta una voluntad o un querer *(Wollen)*. Se debe tratar, sin embargo, de una voluntad que pueda hacer surgir efectos reales

21 Este pasaje resulta difícil de entender pues da la impresión de que Albert se contradice. Sin embargo, no es este el caso ya que uno puede, efectivamente, orientar su conducta conociendo las normas y a pesar de ello contravenirlas. El texto original dice: "...auch eine Orientierung an Normen möglich ist, die mit der Verletzung der betreffenden Normen verbunden ist".

22 Theodor Geiger, *Vorstudien zu einer Soziologie des Rechts,* en el sitio ya indicado, pp. 34 y ss.

23 El término alemán es "Altemativwirkungs-Chance".

24 Al respecto Michael Baurmann, Der *Markt der Tugend,* en el sitio ya indicado, pp. 60 y ss. Dentro de estas objeciones se puede mencionar el hecho de que la vigencia normativa basada en un modelo de sanciones no podría captar adecuadamente la clase de normas de autorización.

sobre las conductas de las personas, es decir, que los destinatarios de las normas tengan razones para adherirse a dicha voluntad,[25] aunque tales razones son relevantes solo en tanto tengan importancia causal en el proceso de formación de la voluntad de los destinatarios de las normas. La vigencia fáctica de las normas en este sentido debe, por tanto, verse siempre como un hecho social de tal manera que, las afirmaciones que se realicen al respecto tengan un carácter cognitivo y resulten susceptibles de ser calificadas como verdaderas o falsas.

Mientras que la Jurisprudencia se ocupe del Derecho vigente en la realidad, entonces ella depende y tendrá que recurrir también al concepto de vigencia fáctica, tal y como este es estudiado por la Sociología del Derecho. Me parece que es justamente esta tesis la que contiene el núcleo de la contraposición que surge en mi concepción y aquella que formula Rudolf Thienel.[26] *Vigencia...*, en el sentido por él introducido y tal y como menciona en una parte de su obra, "no constituye algo realmente existente —no es, por tanto, un hecho ontológico— sino algo ideal, a saber, la circunstancia de que existe una determinada *obligación*, o sea un *deber*". Esta idea resulta ser muy característica de su posición, que toma evidentemente como punto de referencia a la Teoría Pura de Hans Kelsen, en la cual se postula un reino de construcciones ideales que resulta del todo inaccesible a una ciencia real.

Quizás resulte pertinente en este lugar traer a colación —aunque sea muy brevemente— los argumentos que se suelen esgrimir a partir de la Teoría Pura del Derecho contra el realismo jurídico. En primer lugar, hay que enfatizar que tanto los defensores de la Teoría Pura como los del realismo se distancian expresamente de la utilización de un concepto de vigencia de tipo metafísico, en virtud de que ellos parten de la circunstancia de que las normas vigentes son creadas por seres humanos, y que le deben su vigencia únicamente a la autoridad emanada de aquéllos. Solo que los defensores de la Teoria Pura afirman que

25 Véase Norbert Hoerster, "Zum Problem der absoluten Normgeltung". en Heinz Mayer *et al.* (eds.), *Staatrecht in Theorie und Praxis. Festschrift für Robert Walter zum 60. Geburtstag,* Viena, 1991, pp. 255 y ss., adhiriéndose a Hoerster también Baurmann, *Der Markt der... op. cit.*. pp. 54-64.

26 Al respecto Rudolf Thienel, *Kritischer Rationalismus und Jurisprudenz. Zugleich eine Kritik an Hans Albert Konzept einer sozialtechnologischen Jurisprudenz.* Viena, 1991, pp. 65 y ss. Mucho de lo que se dice en esta interesante y profunda investigación puedo aprobarlo.

los fenómenos jurídicos no se podrían valorar, adecuadamente, si se renuncia a las reflexiones específicamente normativas. Incluso un análisis sociológico de tales fenómenos presupone unas reflexiones de este tipo y, por ende, una Jurisprudencia también normativa y dogmática, todo lo cual sirve como criterio de demarcación respecto a su objeto de estudio. La *vigencia*, entendida como la *"existencia específica de una norma* [...] como su existencia en el ámbito del deber, se debe distinguir tanto del acto de voluntad que da sentido a la norma como de su eficacia, ambos, hechos ontológicos muy distintos".[27]

Ahora bien, por lo visto el sentido de un acto de voluntad o de una disposición similar,[28] tal y como se manifiesta, por ejemplo, en el contenido de un enunciado normativo, representa a su vez una característica de ese acto o de esa disposición que puede, por su parte, ser examinada de forma aislada, pero que no gana por ello una existencia independiente. Resulta posible, por supuesto, realizar un análisis de dicho enunciado normativo a la luz de ese sentido específico. Tales enunciados normativos, tal y como estos se manifiestan en los textos legales, no deben, sin embargo, entenderse como meras *descripciones* de las *normas*, es decir, como enunciados que tienen por *objeto* las normas, sino más bien como expresiones *o formulaciones* de estas y por ello como enunciados con *carácter prescriptivo.* Todo esto implica, entre otras cosas, que los enunciados normativos no son susceptibles de ser calificados como falsos o verdaderos, sino que únicamente pueden ser obedecidos (seguidos) o no. En la ciencia jurídica —tanto en la Sociología del Derecho como en la Jurisprudencia— estos enunciados son objeto de muy distintos análisis, discutiéndose constantemente *sobre* ellos. Cuando en este contexto se habla de vigencia, entonces ello no puede significar otra cosa más que se está planteando una *exigencia de reconocimiento general* que está estrechamente vinculada con las normas, en cuestión, y que se *impone fácticamente,* es decir, que puede ser *ejecutada* con un mayor o menor grado de éxito.

---

27 Véase Michael Schmidt, "Reine Rechtslehre versus Rechtsrealismus", en Robert Walter (ed.), *Schwerpunkte der Reinen Rechtslehre,* Viena, 1992, p. 145.

28 Baurmann. *Der Markt der... op. cit.*, pp. 58 y ss., realiza una propuesta que sigue las ideas de Hoerster y en donde se parte, para efectos de determinar el concepto de vigencia, de una disposición del legislador en vez de un acto de voluntad.

Pero cuando se habla de la "existencia específica de una norma", tal y como es el caso en la Teoría Pura, entonces se despierta innecesariamente la impresión de que hay un ámbito fuera de la realidad social en el cual las normas existen como un tipo especial de objeto, y sobre el que es posible erigir una disciplina, también especial, que proceda descriptivamente y que opere con enunciados puramente normativos. Si es cierto que existe un ámbito tal, y que los enunciados en cuestión poseen verdaderamente un carácter descriptivo, entonces resultaría también posible atribuirles a estos un valor de verdad. Pero, entonces, sería absolutamente incomprensible, cómo ellos pueden simultáneamente cumplir una función prescriptiva. Quizás con un ejemplo sencillo se pueda ilustrar, de una forma más clara, el núcleo de mi argumento. Imagínese que un cierto oficial imparte la siguiente orden: "¡Dispárense todas las armas!", lo cual está dentro de la esfera de su autoridad y se considera así una orden válida. Uno podría aislar perfectamente el contenido de este enunciado, es decir, el sentido derivado de esa orden y afirmar así la existencia de una supuesta norma que pertenece a un cierto ámbito ideal y que debe distinguirse cabalmente de la realidad. No creo posible, sin embargo, que alguien se incline sin más a aprobar una afirmación tal. La idea de que la historia de la guerra presupone para su delimitación una disciplina normativa análoga no sería tampoco fácil de aceptar.

Desde mi punto de vista, resulta posible valorar debidamente el carácter normativo de ciertos textos jurídicos sin realizar asunciones del tipo descrito. Incluso la interpretación del sentido subjetivo de las acciones, tal y como lo entendió Max Weber, resulta factible sin presuponer las asunciones antedichas. Por otra parte, estas asunciones son altamente problemáticas pues vienen a separar radicalmente la Jurisprudencia del ámbito de los hechos sociales (en los cuales ella se basa en última instancia). Además, resultaría simplemente incomprensible qué tipo de relación existiría entre el "cosmos" de las normas y la realidad de estas, sobre lo cual se ocupa, por ejemplo, la Sociología del Derecho. En este tanto, no se lograría aquí apreciar una diferencia clara respecto al *Platonismo de las normas* que hemos criticado más arriba. Los seguidores de la Teoría Pura del Derecho defienden en lo atinente a este punto, tal y como se mencionó, una opinión contraria.

En lo que respecta a la concepción kelseniana, se debe presuponer en la ciencia jurídica, y para efectos metodológicos de su conocimiento, la conocida "norma fundamental", la cual resulta absolutamente indispensable para fundamentar la vigencia objetiva de las normas jurídicas positivas.[29] De tal forma que esta norma constituye la precondición lógico-trascendental en el proceso de conocimiento del Derecho. Además, esta concepción parte del supuesto de que la Jurisprudencia debe analizar las normas por ella reconocidas como si fueran objetivamente válidas. Ahora bien, incluso cuando esta idea se trate de una "*construcción pura* sin ningún tipo de implicaciones metafísicas",[30] de tal forma que no se puede esgrimir la objeción de que por esa vía se retrocede hasta el pensamiento del Derecho natural, lo cierto es que no se puede pasar por alto que en la Jurisprudencia se requiere, por lo general, de una asunción semejante. De allí que no sea posible, se dirá, conformarse aquí con el concepto de vigencia fáctica expuesto arriba.

La Sociología del Derecho utiliza, en todo caso, el concepto de vigencia fáctica en el marco de un programa cognoscitivo que tiene como meta la explicación de hechos sociales. La Jurisprudencia tiene, por lo visto, otras tareas. Sobre la relación que existe entre ambas disciplinas regresaré posteriormente.

5. La jurisprudencia racional como fundamento de la legislación, del poder judicial y del ejecutivo[31]

Independientemente de la pregunta de cómo se deba entender la Jurisprudencia, tal y como esta se enseña en las facultades de Derecho, resulta perfectamente factible investigar la cuestión en torno a la posibilidad de existencia de una disciplina social-tecnológica que se ocupe del problema del orden social, o más bien del Derecho como un componente central de ese

29 Hans Kelsen, *Reine Rechtslehre,* 2ª ed., Viena 1960, pp. 204 y ss.

30 Así Michael Schmidt. *Schwerpunkle der Reinen... op. cit.,* p. 150: también Kelsen, *op. cit.,* pp. 442 y ss.

31 Albert se refiere a la: "Gesetzgebung" (legislación), a la "Rechtsprechung" (jurisprudencia) y a la "Verwaltung" (administración) como las funciones que caracterizan a los tres poderes del Estado moderno.

orden social en la sociedad moderna.[32] Una disciplina tecnológica, como la apuntada, tiene la tarea de aprovechar, tal y como ya se dijo, todos aquellos conocimientos en materia de correlaciones sociales reales que posean las respectivas ciencias teóricas e históricas, de tal forma que se puedan lograr, por esa vía, enunciados sobre las distintas posibilidades de acción, y que estos (enunciados) constituyan a su vez un posible fundamento para la toma de decisiones. Naturalmente que las decisiones en cuestión no pueden derivarse por vía puramente lógica de tales enunciados. Para ello se requieren premisas adicionales que se basen, por sobre todo, en las finalidades perseguidas así como en el consentimiento de los medios a emplear. Ello implica, pues, que se deben valorar las respectivas posibilidades de acción a la luz de ciertos puntos de vista prácticos, de tal manera que esas posibilidades de acción puedan transformarse en decisiones concretas.

Existen en la filosofía social y en las ciencias del espíritu, desde el siglo XVII en adelante, una gran cantidad de aportes destinados a la solución de problemas sociales y tecnológicos, los cuales apuntan en lo fundamental a posibilitar el orden social. Sobre todo en la filosofía moral escocesa, y en la Economía política que se desarrolló bajo el influjo de esta, es donde se pueden encontrar tales aportes. La interrogante central que se plantea es, en términos muy generales, la siguiente: ¿Cómo es posible alcanzar el orden social? O dicho en términos más precisos: ¿Cómo es posible alcanzar un orden social que satisfaga ciertas condiciones determinadas de adecuación,[33] es decir, que posea ciertos atributos o combinaciones de atributos que se estimen adecuados? En adhesión a Rutledge Vining deseo introducir aquí el concepto de "criterios de rendimiento".[34] Entonces la pregunta sería: ¿Cómo es posible hacer realidad un cierto orden social que posea ciertos criterios de rendimiento? Bajo ciertas

---

32 La posibilidad de una disciplina tal es aceptada por los defensores de la Teoría Pura. Lo único que se dirá allí es que dicha concepción presupone de todas formas una dogmàtica jurídica en el sentido kelseniano. Véase Robert Walter, "Bemerkungen zu Albert, Zur Kritik der reinen Jurisprudenz. Recht und Rechtswissenschaft in der Sicht des kritischen Rationalismus", en *Internationales Jahrbuch für Rechtsphilosophie und Gesetzgebung,* 1992, pp. 359-262; también Rudolf Thienei, *Kritischer Rationalismus und... op. cit.,* pp. 212 y ss.

33 El concepto alemán es "Adäquatheitsbedinungen".

34 Rutledge Vining, *Economics in the United States of America,* Paris 1956, pp. 10-14, donde se habla de "performance characteristics".

circunstancias resulta interesante investigar en forma comparativa, los distintos órdenes sociales, y poder así determinar en qué medida poseen ellos ciertos criterios de rendimiento tales como: libertad o distintas manifestaciones de esta, seguridad social, grados de estabilidad o flexibilidad, etc. Los criterios de rendimiento respectivos pueden escogerse de tal manera que sea posible asumir que su realización reposa en interés de los involucrados, es decir, de los miembros de una comunidad en particular, involucrando elementos tales como seguridad en contra de la violencia, de la arbitrariedad, de la explotación, de la pobreza, en fin, en contra de ciertos males sociales de determinado tipo.

Todas estas interrogantes pueden adquirir relevancia práctica en tanto se refieran a una potencial legislación que tenga como propósito hacer realidad un tipo de ordenamiento social como el señalado. Se trata, pues, de precisar cuáles leyes deben implementarse para alcanzar un orden social que posea ciertos criterios de rendimiento. Evidentemente que las normas respectivas no pueden considerarse aquí como si fueran metas en sí mismas, sino tan solo como medios para alcanzar ciertos efectos muy específicos.[35] Es posible que los efectos deseados resulten en algunos casos evidentes, como sucede con muchas normas del Derecho penal, pero puede también suceder que para su comprensión se requieran conocimientos muy especializados ya que se trata de efectos generados a través de mecanismos sociales muy complejos. Este último caso se aprecia, por ejemplo, con normas como las que autorizan el funcionamiento del banco federal, las que se refieren a las reservas mínimas de los bancos o las que regulan un aumento en los descuentos, etc., y que buscan impedir un aumento descontrolado del dinero circulante, lo que contribuiría indudablemente a la inflación. La meta —que aquí consiste en impedir el desarrollo de la inflación— debe en este caso lograrse a través de una forma muy indirecta, a saber, mediante complicadas cadenas causales que

35 Esto es válido también para normas fundamentales, tal y como Hoerster advirtió con razón: "Los criterios normativos, las normas superiores (del Derecho y de la moral) no son *verdades* localizadas por los seres humanos en una realidad metafísica *a priori,* sino más bien *instrumentos* inventados o creados por ellos para posibilitar la *convivencia* social. Véase Norbert Hoerster. "Verteidigung des Rechtspositivismus", en Würzburger *Vorträge zu Rechtsphilosophie. Rechtstheorie und Rechtssoziologie,* ed. por V. Urich Weber, Hasso Hofmann y Edgar Michel Wenz, cuaderno 11, Frankfurt, am Main 1989, pp. 28 y ss.

tienen obligatoriamente que tomarse en cuenta y que exigen también reflexiones teórico-monetarias de gran complejidad. En una sociedad moderna, la gran mayoría de las normas implementadas por el legislador buscan alcanzar sus metas en formas indirectas y presuponen, por ello, reflexiones teóricas que pueden, por supuesto, resultar ser verdaderas o falsas; piénsese aquí, por ejemplo, en el Derecho que regula el mercado de viviendas o en la legislación agraria. En estos, como en otros ámbitos, no es raro que los economistas señalen el carácter contra productivo que tienen las medidas jurídicas implementadas por el legislador.

Lo anterior implica, sin embargo, que una ciencia referida a la legislación, es decir, una Jurisprudencia racional, tal y como quisiera por ahora llamarla, no puede ser entendida en el sentido de un mero normativismo como el que ya se explicó. Ella no podría dedicarse simplemente a formular sistemas de normas (que estén referidas a las características deseadas de unos determinados estados sociales) para derivar de ellas puras consecuencias lógicas. Los efectos que se puedan alcanzar con ayuda de la legislación no resultan ser simples consecuencias lógicas de las normas en cuestión. El diagnóstico en torno a ciertas correlaciones sobre posibles efectos, presupone más bien reflexiones teóricas precisas sobre las regularidades subyacentes. De allí que una Jurisprudencia racional pueda ser entendida solo como una disciplina socio-tecnológica en el sentido aludido de este término. Ella analiza, entonces, la creación normativa como un medio para alcanzar ciertos fines que son de interés para los miembros de una comunidad dada. Para lograr estos fines resulta necesario emplear ciertos conocimientos sobre correlaciones causales reales. También algunas relaciones jurídico-estatales que se dan en cierto tiempo y espacio determinados pueden ser entendidas como un problema social y tecnológico, además de político y práctico. La "domesticación del poder" no es posible lograr sin el conocimiento de determinadas correlaciones causales de la realidad.

Quien observe el proceso legislativo y considere, que es viable, resolver los problemas sociales que allí se presentan acudiendo a puntos de vista racionales, entonces verá en las leyes unos instrumentos para la realización de determinadas metas y, de allí que, tomará también en cuenta los posibles efectos que estas surtan. Todo legislador depende, bajo estas condiciones, del conocimiento social-tecnológico del tipo por mí descrito y ello independientemente de si ese conocimiento es proveído por una disciplina científica o no, o si el legislador tiene, por el contrario, que recurrir al conocimiento vulgar o de la cotidianidad.[36] Una ciencia que sea útil en el proceso legislativo debe, en todo caso, tener el carácter de una Jurisprudencia racional en el sentido por mí descrito.[37]

Todo acto eficaz de la legislación se remite a la regulación de un acontecer social y con ello a la regulación —aunque sea mínima— del orden social. De esa forma se logran transformar los alicientes en la conducta de las personas de una forma tal que los efectos deseados puedan alcanzarse. Todo esto es válido también, por supuesto, para la introducción de una constitución o de aquellas medidas que pretendan transformarla y de donde se desprenden ciertos programas de acción legislativa. Este tipo de proyectos requieren, siempre y cuando se esté interesado en lograr resultados efectivos, de una fundamentación socio-tecnológica. En fin, cuando se trate del ámbito específico de la legislación hay muy poco que se pueda objetar al empleo de una Jurisprudencia racional del tipo comentado.

En lo que respecta al Poder Judicial y a la Administración pareciera que el asunto es un poco distinto, pues se trata aquí del empleo de leyes ya existentes. ¿Pero es correcta esta opinión? ¿Existe en estos supuestos una diferencia fundamental que haga necesario el uso de una Jurisprudencia de muy distinto tipo, por ejemplo, de aquella Jurisprudencia normativa a la cual me referí al inicio de este escrito como alternativa a la concepción social-tecnológica? ¿Conducen los intereses por el conocimiento práctico, que son propios de la Jurisprudencia, a

36 El término es "Alltagswissen".

37 Véase el cap. III de mi libro: *Traktat über rationale Praxis,* en especial las pp. 81 y ss. Sobre las posibilidades de un tratamiento tecnológico de la problemática del orden, véase también Hartmut Kliemt, "Das Denken in Ordnungen und die Möglichkeiten ordnungs politischen Handelns", en *Ordnung in Freiheit.* Tubinga, 1992, pp. 31- 59. Independientemente de lo que se suela objetar contra la concepción utilitarista de Jeremy Bentham y contra el optimismo que de allí se desprende, lo cierto del caso es que resulta difícil objetarle algo a su tesis de que el arte (Kunstlehre) de la legislación, entendida como una disciplina social-tecnológica, debe vincularse necesariamente a conocimientos teóricos sobre el comportamiento humano, tal y como se presupone también en este trabajo. Al respecto Jeremy Bentham. *De los juristas ingleses, principios de legislación.* Colonia, ed.. por Etienne Dumont, 1833.

consecuencias metodológicas muy distintas de las que imperan en la legislación, de tal forma que se requiera del uso de una disciplina dogmática, normativa y hermenéutica, tal y como se expuso *supra*?

En primer lugar, hay que indicar que aquí se trata de la identificación y aplicación de las normas del Derecho vigente, aunque, ciertamente, la interpretación de los textos relevantes, a saber: de las leyes, de los comentarios y de las colecciones de sentencias, juega un papel muy importante. La Jurisprudencia tendría, según esto, la función de preparar propuestas de interpretación, es decir, recomendaciones que resulten adecuadas para fundamentar las decisiones judiciales (sentencias) o administrativas. Ahora bien, los textos relevantes para estos efectos suelen dejar abierto un margen libre para la interpretación, además de que parece siempre necesario complementar el sistema normativo del Derecho vigente mediante algunos procedimientos de interpretación cuyo propósito es eliminar las lagunas normativas existentes. Todo esto implica, pues, que el ordenamiento jurídico está estructurado, en un cierto grado, por las decisiones de los jueces, de tal manera que el acto de determinar lo que es el orden vigente involucra una actividad propiamente creativa.

Los esfuerzos hermenéuticos exigidos aquí parecen, pues, tener un carácter muy especial, el cual se distingue en aspectos fundamentales de aquel que se requiere, por ejemplo, en la historiografía. Los defensores del normativismo gustan siempre traer a colación en este contexto los puntos de vista teleológicos. Apuntan de esta forma a ciertas finalidades a las cuales debería orientarse la Jurisprudencia en el proceso de plantear propuestas de interpretación.[38] Debido a que las normas no deben ser tratadas desde un punto de vista racional como metas en sí mismas, entonces resulta sensato partir, para su interpretación, de ciertas finalidades específicas, siempre que estas no resulten triviales y requieran, por ende, un cierto esfuerzo para su consecución. Siempre y cuando se tenga que acudir a finalidades específicas para poder así plantear las propuestas de interpretación, entonces se deben tomar también en consideración los efectos potenciales de las normas. Y de allí se incurre

38 Norberto Bobbio, "Über den Begriff der Natur der Sache", en Arthur Kaufmann (ed.), *Die ontologische Begründung des Rechts,* Darmstadt, 1965, pp. 87-103.

eo ipso en el ámbito del pensamiento tecnológico. Se trata, pues, de considerar la relevancia causal de las normas identificadas e incluirlas dentro del proceso de creación del orden jurídico respectivo, el cual debe satisfacer determinadas exigencias, es decir, determinados criterios de rendimiento.

Las normas son aquí consideradas como medios, mediante los cuales se pretende generar determinados efectos en la conducta de los miembros de una sociedad específica, es decir, son instrumentos al servicio del control social. Las propuestas de interpretación respectivas se formularán teniendo muy en cuenta los efectos que se deseen alcanzar, de tal forma que también se hace necesario emplear conocimientos sobre ciertas correlaciones causales de tipo social. Que las interpretaciones respectivas deben adecuarse en ese contexto a la vigencia fáctica del Derecho —es decir, a las restantes normas del sistema— no cambia para nada lo dicho hasta ahora.

Cuando en este contexto se habla de Hermenéutica, se debe tener muy claro que se trata de un tipo muy especial de hermenéutica. Quien desee entonces determinar el sentido del Derecho —o sea, el sentido de las normas realmente existentes (o incluso potenciales), así como el sentido de ciertos textos en los cuales se plasman dichas normas— entonces debe tener también claro que en ese proceso hay que tomar muy en cuenta los efectos reales que se quieran alcanzar con las normas, así como también el orden de la vida social cuya realización se pretende lograr. Todo esto implica más bien la búsqueda de un sentido teleológico y no de uno "semantológico".[39] Aquí se hace necesario, evidentemente, la utilización tecnológica de un conocimiento de tipo nomológico, pues, tal y como ya mencioné, los efectos de regulación que tienen las normas no son de ninguna manera idénticos con las consecuencias lógicas de los enunciados normativos.

La hermenéutica que aquí se requiere es *de facto* una disciplina socio-tecnológica que aspira en un sentido muy específico a determinadas propuestas de interpretación, de la misma forma que una disciplina orientada a una potencial legislación aspiraría también a promulgar normas que sean eficaces. Según esto, una Jurisprudencia racional tendría dos partes: una parte que

39 El término utilizado por Albert es "semasiologischen sinn", que es probablemente un neologismo creado por él.

posibilitaría la *identificación* de las normas del Derecho vigente —en un ordenamiento específico del tiempo y del espacio— valiéndose, para ello, de una *interpretación eficiente,* y una segunda parte que aspira a la *construcción o* implementación de *normas eficientes* con el objetivo de *modificar,* a través de la legislación, el Derecho vigente.[40] Para todo esto no se requiere, en ninguno de los dos casos, de unos ciertos enunciados normativos. Más bien, lo que se requieren son unos enunciados mediante los cuales se puedan configurar las normas, tal y como si estas fueran normas eficientes en el sentido en que podrían serlo unas finalidades hipotéticas previamente presupuestas. Unos enunciados así definidos resultan susceptibles de calificarse como verdaderos o falsos y de allí que sean revisables en igual sentido que lo es cualquier hipótesis. Siempre y cuando se utilicen métodos comprensivos para su formulación, entonces deben interpretarse como si implicaran interpretaciones causales reales en el sentido expuesto. Además, la relación entre una Jurisprudencia del tipo indicado con las ciencias teóricas reales no resulta del todo problemática. Esta actuaría como una disciplina tecnológica que puede utilizar, sin más, los resultados alcanzados por las ciencias reales, siempre y cuando estos estén ya a disposición. Ahora bien, si esos resultados todavía no están disponibles por el estado en que se encuentra el desarrollo científico, entonces la praxis de la Jurisprudencia tendrá que conformarse, igual a como sucede en otros ámbitos, con el empleo de los conocimientos cotidianos, lo cual es justamente el caso más usual.

Según mi impresión, una concepción tal del carácter de la Jurisprudencia hace justicia también a aquellos elementos, ya explicados por mí al inicio, que resultan de importancia para una concepción hermenéutica de la Jurisprudencia en sentido tradicional. Además, ella contempla todos los elementos de utilidad a que apunta la Jurisprudencia de intereses, tomando en cuenta también las objeciones que se han esgrimido contra la Jurisprudencia de conceptos.[41] La objeción que se suele levantar contra este enfoque, de que él implica necesariamente una auto-limitación de la ciencia jurídica (objeción que se apoya, en

---

40 Quien opine que el concepto de eficiencia resulta problemático, debe recordar que el efecto de las normas o de las interpretaciones que de ellas se realicen se basan siempre en un orden social, el cual posee determinados criterios de rendimiento *(Leistungsmerkmale).*

41 Al respecto mi ensayo ya mencionado: "Zur Kritik der reinen Jurisprudenz...", pp. 349-353.

parte, en las tesis de la Escuela de Frankfurt) puede remitirse, tal y como espero haber mostrado, a un serio malentendido.[42]

6. La ciencia jurídica y la praxis judicial en el Estado de Derecho: el papel de la Jurisprudencia en la configuración de la vida social

El hecho de que la Jurisprudencia ha contribuido con la práctica jurídica es algo que difícilmente se pueda negar. La pregunta central sigue siendo, no obstante, cómo esta puede llevar a cabo esa función de la mejor forma posible. La Jurisprudencia de la que aquí se ha venido hablando constituye el resultado de un desarrollo muy particular del Derecho europeo, así como del Estado constitucional y de Derecho de la época moderna, el cual, visto desde la perspectiva de la historia mundial, representa, sin lugar a dudas, un caso excepcional. El surgimiento de este Estado constituye, desde una óptica teorética, un caso muy poco probable y se requirió de las condiciones especiales propias de la historia de Europa para que pudiera realizarse. El nacimiento del Estado de Derecho es, pues, el resultado de la vía especial[43] tomada por la tradición europea —es decir, este constituye "el milagro europeo",[44][45] o sea el producto de dicha cultura—,[46] la cual tan solo con muchas dificultades ha sido posible "exportar" a otras latitudes, aunque las discusiones constantes alrededor de los Derechos Humanos a escala mundial dejan entrever que existe un creciente interés en esa dirección. Pero también a lo interno de Europa, como sabemos, se encuentra el Estado de Derecho en constante peligro. De allí que sea

---

42 Respecto a las concepciones de Habermas y Apel, introducidas una y otra vez en el pensamiento jurídico como supuesto fundamento de argumentos críticos, véase Herbert Keuth, *Erkenntnis oder Entscheidung? Zur Kritik der kritischen Theorie,* Tubinga 1993; además, Eric Hilgendorf, *Argumentation in der Jurisprudenz,* Berlin, 1992: también los correspondientes parágrafos en la obra citada: Thienel, *Kritischer Rationalismus und... op. cit.,* pp. 138-158.

43 En alemán "Sonderweg".

44 Eric Lionel Jones, *The European Miracle,* 2ª ed., Cambridge, 1987, ed., alemana: *Das Wunder Europa,* Tubinga, 1991.

45 Albert se refiere al "europäischen Wunder".

46 Véase Harold Berman, *Law and Revolution. The Formation of the Western Legal Tradition,* Cambridge. Mass., 1983, donde se pone de relieve, entre otras muchas cosas, las particularidades del Derecho europeo y de su Jurisprudencia.

por sobre todo en, el marco de un ordenamiento jurídico-estatal, donde puede tener la Jurisprudencia, como ciencia independiente, el significado que yo le he atribuido en estas páginas.

La importancia del Estado de Derecho reposa sobre todo en que por medio de él se alcanza un cierto grado de domesticación del poder, de tal forma que resulte posible un ordenamiento social donde la libertad civil y política esté parcialmente asegurada. Tal y como Berman ha mostrado, el desarrollo jurídico europeo desde las llamadas revoluciones papales del siglo XI y XII se vincula estrechamente con el Derecho romano, pero en puntos esenciales va mucho más allá de este. Presuntamente, no existe en otras culturas un Derecho en la forma de una esfera autónoma de la vida social, que esté caracterizado por la competencia entre distintos sistemas, por la administración profesional, por la elaboración científica y por la primacía de ciertas autoridades políticas y que, además, se haya desarrollado bajo la influencia de determinados ideales.[47] El constitucionalismo, que implica un control de la política y con ello el ejercicio de un poder proveniente del Derecho, pertenece presumiblemente desde un inicio a los ideales que influyeron en este desarrollo y que moldearon la cultura jurídica europea a nivel transnacional. La Jurisprudencia europea, por su parte, la cual acompañó constructiva y críticamente este desarrollo del Derecho, constituyó, desde sus albores, un componente importante de esa cultura jurídica[48] y con ello un factor central para el desarrollo del constitucionalismo, el cual incidiría en la filosofía social europea de la modernidad con su concepción de que el Derecho era, por sobre todo, un medio para asegurar la paz y la libertad.

Ahora bien, ¿cómo puede la Jurisprudencia satisfacer sus funciones de la mejor forma posible en el marco de esta cultura jurídica? Según la concepción tradicional, ella no es capaz de tomar decisiones jurídicas relevantes en este sentido. La acepta-

47 Berman, *Law and Revolution... op. cit.*. pp. 7 y ss.

48 *Ibid.*, pp. 120-164: "La nueva metodología jurídica, que entre los siglos xi y xii en Occidente, así como su lógica, sus temas de investigación, su estilo de argumentación, su nivel de generalización, sus técnicas para vincular lo especial y lo general, los casos particulares y los conceptos era [...]" tal y como Berman enfatiza, "...un componente esencial de la consciente sistematización del Derecho como ciencia autónoma. Y esto, por su parte, era un componente esencial de la creación de un sistema jurídico autónomo que captaba las nuevas formas políticas emergentes de la revolución papal". *Ibid.*, pp. 163 y ss. (Trad. por H. A.).

ción o no de las soluciones elaboradas por ella en lo atinente al Derecho vigente es una cuestión que compete a los "portadores de roles" autorizados en la práctica —como, por ejemplo, a los gremios legislativos, a los jueces, a los órganos de la administración—. Son ellos los que pueden tomar sus decisiones a la luz de los conocimientos generados por la Jurisprudencia. Esto implica, no obstante, que esta disciplina tiene una función muy importante en determinar lo que es el Derecho vigente en la realidad y con ello en la estructuración del orden social. Una de las tareas más importantes de la Jurisprudencia racional consiste, desde mi punto de vista, en un análisis riguroso de los problemas del ordenamiento social y de las condiciones de adecuación[49] que este debe satisfacer, valiéndose para ello de los medios socio-tecnológicos.

El orden social no es, por supuesto, un fenómeno estático. Este se encuentra, contrariamente, impregnado de constantes transformaciones y de nuevos problemas emergentes que requieren soluciones concretas. La solución adecuada de estos problemas presupone, no solo ciertos conocimientos sobre los hechos y sus correlaciones causales, sino también la consideración de puntos de vista valorativos que resulten relevantes en el proceso de seleccionar las soluciones más útiles. El Derecho se desarrolla no solo a partir de conocimientos de ciertos supuestos o relaciones fácticas, sino también bajo la constante influencia de intereses e ideales de muy diferente tipo. Además, una Jurisprudencia entendida en sentido tecnológico debe acudir, si es que desea tener efectos verdaderamente prácticos, a la consideración de determinados puntos de vista axiológicos. Ella puede realizar esto sin mucha dificultad siempre y cuando introduzca explícitamente en sus investigaciones eso que deseo llamar: la estructura objetiva de las valoraciones.[50] Todo esto es posible siempre que se elaboren diferentes criterios de rendimiento para la solución alternativa de problemas. El hecho de que tales criterios de rendimiento constituyan, finalmente, atributos fácticos no incide para nada en que los enunciados, que de ellos se derivan, puedan considerarse como falsos o verdaderos.

Si uno acepta esta interpretación de la Jurisprudencia, entonces se ha decidido ya por una concepción de acuerdo con la cual

49 En el original "Adäquatheitsbedingungen".

50 El término alemán es: "Sachgerüst der Wertungen".

existe una continuidad entre los fundamentos racionales de la Legislación (incluyendo la legislación constitucional), el Poder Judicial y el Ejecutivo. Ello, pues todos los componentes de esta Jurisprudencia se basan en la búsqueda de un orden adecuado para la vida social, orden este que está bajo el constante influjo de ciertas decisiones prácticas en desarrollo.

Las condiciones de adecuación de este orden social deben ser objeto de una discusión pública en la cual se involucren, naturalmente, los representantes de la ciencia jurídica. Ellos pueden contribuir, al igual que los representantes de otras disciplinas y en virtud de sus conocimientos especializados, a aclararle a los ciudadanos aquellos fenómenos o correlaciones que sean relevantes para la solución de problemas del ordenamiento social. Ellos también pueden emplear esos conocimientos especiales en una forma crítica, mostrando, por ejemplo, en qué tanto y medida las normas del Derecho vigente (o las normas de un cierto programa legislativo que quiere transformar ese Derecho) resultan o no adecuadas para realizar o estabilizar un ordenamiento jurídico que se considere como adecuado según ciertos puntos de vista valorativos. Finalmente, los representantes de una ciencia jurídica en el sentido aquí definido, pueden también referirse, al igual que los restantes ciudadanos involucrados en la discusión, a la consideración insuficiente o precaria de ciertos criterios de rendimiento que se desprendan de los ideales dominantes. No obstante, sería muy deseable que se explicitara siempre, y en forma clara, a qué tipo de problemas uno se está refiriendo y si en la discusión uno se apoya en conocimientos o en su defecto introduce ciertos puntos de vista axiológicos. El principio de neutralidad valorativa de Max Weber no tiene como consecuencia, tal y como muchas veces se asume, que determinados problemas sean excluidos sin más de las discusiones científicas. Este principio nos ayuda tan solo a evitar que las valoraciones se presenten como si fueran conocimientos.

IV

El concepto de jurisprudencia racional[1]

Hans Albert[2]

¿Hasta qué punto el derecho como disciplina científica se agota en su contenido normativo? ¿En qué medida el programa cognoscitivo de esta ciencia no está también informado por la dimensión de su ejercicio y vigencia práctica? Incluso más, ¿cabe la posibilidad de que el derecho, como ciencia aplicada, pueda retroalimentarse con su eficacia práctica, a la manera de una tecnología social?

El trabajo del profesor Hans Albert es un intento de responder a estas interrogantes y de profundizar una línea de reflexión científica más allá de las tensiones doctrinarias entre positivistas y iusnaturalistas o entre teóricos y realistas. Su análisis culmina con una proposición que sitúa al derecho, como instrumento de conducción social, en una esfera semejante a la de la economía política. El trabajo de Albert es un significativo aporte de la perspectiva del "racionalismo crítico" a la ciencia jurídica.

---

1 Este estudio corresponde al tercer capítulo del libro *Traktat über rationale Praxis* (Tratado sobre una praxis racional), Tübingen, 1978, J. C. B. Mohr. *Estudios Públicos* editó anteriormente un artículo del autor: "La Tradición Económica: La Economía como Programa de Investigación para la Ciencia Social Teórica" (N° 2, marzo 1981). Traducido y publicado con la debida autorización.

2 Profesor de Sociología y de Filosofía de la Ciencia en las universidades de Mannheim y Heidelberg.

1. El problema de la conducción social y el concepto de jurisprudencia racional: *Conocimiento y el Problema de las Normas Sociales*

La vida social se ve también determinada en el transcurso de su desenvolvimiento por gran cantidad de normas. Usualmente, algunas de ellas son atribuidas a la moral, otras al derecho y aun otras a ninguno de estos dos tipos de regulaciones. Parece difícil posibilitar una delimitación obligatoria general, referida a sus respectivos contenidos, entre este tipo de reglas en el marco de las diversas formas sociales que han surgido en la historia de la humanidad. Podemos observar que reglas muy heterogéneas en relación a su contenido han sido sancionadas de modo similar. Podría, por lo tanto, resultar más adecuado aludir al perfeccionamiento y manejo de este tipo de regulaciones y hablar de derecho solo cuando ellas cumplan con ciertos requisitos mínimos, tales como la existencia de reglas secundarias sobre la identificación, la modificación y la adjudicación de las respectivas reglas primarias en una sociedad.[3]

Un sistema jurídico en su acepción actual presupone, además, la imposición de otras reglas secundarias destinadas a evitar decididamente la posibilidad de que las sanciones privadas a través del empleo de la fuerza reemplacen a las sanciones oficiales, que son impuestas y ejecutadas con apoyo de mecanismos sociales más o menos centralizados.[4] Además, aquellas normas propias de la moral vigente en una sociedad, o en uno de sus ámbitos, suelen ser sancionadas de otro modo —por la vía de la "presión moral"—, aun cuando puedan contener preceptos o prohibiciones tenidas por muy importantes, salvo que interfieran —en cuanto a su contenido— con las normas jurídicas vigentes. Partiendo de esta escala conceptual, quedará de inmediato dilucidado que pueden existir niveles y formas muy diferentes en la gestación de este tipo de reglas, de modo que el análisis de sociedades concretas torna imperativo el análisis de su respectiva estructura especial, del modo de funcionar que tienen y también de su significado para el desenvolvimiento de

3 Cfr. H. L. A. Hart, *The Concept of Law,* Oxford 1961, p. 89 y sig.

4 Cfr. Hart, op. cit. p. 95; Theodor Geiger, *Estudio Preliminar para una Sociología del Derecho,* Copenhague 1947, p. 108 y sig.

los procesos sociales: de sus efectos de conducción específicos. Ya volveremos sobre este asunto.

En lo inmediato parecen oportunas algunas observaciones respecto de la clase de nociones que cabe esperar atendidos los problemas que aquí se plantean. La doctrina del derecho y la moral parece revestir una cierta semejanza con la doctrina del conocimiento y la ciencia. Al igual que esta, esa doctrina ciertamente debe tratar con un ámbito de estado de cosas sociocultural difícil de delimitar en detalle y debe aclarar ciertos nexos de hecho existentes entre ellos. Asimismo, casi siempre se esperan de esa doctrina determinaciones normativas, para cuya corrección no resulta decisiva la sola validez de hecho de determinadas reglamentaciones. Lo mismo vale también en relación a la doctrina política, cuya relación con la doctrina jurídica y moral es indiscutible, no obstante que la ciencia política contemporánea parece haberla perdido parcialmente de vista. Cuando se ha optado por distinguir el derecho efectivamente vigente, la moral imperante y la política de hecho —es decir, la praxis real en los diversos ámbitos— de aquello que resulta aceptable desde ciertos puntos de vista axiológicos[5] [6] surgirá la pregunta por cuál podría ser el aporte de la ciencia —o del conocimiento en general— a la solución de los problemas respectivos, tanto normativos como de hecho.

Quien parte del pensamiento ortodoxo del racionalismo clásico, sin ninguna duda afirmará que es la ciencia —la doctrina del derecho, la moral y la política— la encargada de responder en primera línea a la pregunta por la fundamentación de las respectivas normalizaciones: la pregunta por el fundamento del derecho, la moral y la política, así como la doctrina del conocimiento, debe entregar una respuesta a la pregunta por el fundamento del conocimiento y, en especial, de la ciencia. Pero como en el ámbito del conocimiento no toda concepción puede valer como suficientemente fundada —y aceptable, por tanto— también habrá de establecerse una diferencia en este sentido entre las normalizaciones de la esfera jurídico-moral y las medidas políticas. Habrá que distinguir, entonces, entre regulaciones y

5 (Wertgesichtspunkte).

6 El distingo es una de las exigencias de la jurisprudencia analítica que difícilmente podría discutirse; cfr. al respecto H. L. A. Hart, "El positivismo y la separación de derecho y moral", en: Hart, *Derecho y Moral,* editado por Norbert Hoerster, Gotinga, 1971.

decisiones fundadas —y legítimas, por tanto— y aquellas a las cuales no pueden atribuirse tales características. Quien procede de este modo difícilmente llegará a conceder que todas las normalizaciones existentes de hecho, así como todas las decisiones adoptadas, son también legítimas. No rechazará, por lo tanto, la posibilidad de una crítica de normas y de una crítica de las medidas políticas de ella derivadas, tal como acontece en el marco de determinadas versiones del positivismo moral y jurídico.

Esta visión de las cosas es, sin embargo, aceptable sin más solo cuando se parte de la clásica concepción racionalista, que ha probado ser indefendible. Si, en cambio, se acepta la versión del criticismo antes esbozada, así como su interpretación de la praxis del conocimiento, resultará, en lo inmediato, una tarea científica positiva, realizable a partir de una especificación del programa de explicación teórico sobre la base de normas jurídicas. Quien busca una ciencia de esta naturaleza —o las correspondientes disciplinas científicas—, topa con el hecho de que existe un caudal de investigaciones jurídico-sociológicas y moral-sociológicas, así como de ciencias políticas, que se inscriben a todas luces en este género, de modo que no cabe preocuparse por su existencia. Sin embargo, después de una observación más acuciosa, muchas cosas se revelan en este terreno como análisis meramente descriptivos de posturas axiológicas y de otros estados de cosas que están en alguna relación con las normalizaciones mencionadas. Los análisis de este tipo apenas podrían hacer justicia a las exigencias del programa señalado. Son investigaciones ad hoc de determinadas cuestiones que suelen preocupar al sociólogo cuando pondera el asunto de las normas. Los representantes de la jurisprudencia, u otros individuos interesados en el tratamiento sistemático de tales cuestiones, no pocas veces se llevan la impresión de estar confrontados con problemas periféricos o bien —y esto muy a menudo— con investigaciones conceptuales y clasificadoras, que si bien refieren a categorías medulares, deben en su esencia ser considerados meros estudios preliminares. Y esa impresión parece bien justificada. Me parece, en todo caso, cuestionable cargar este enjuiciamiento únicamente a cuenta de la orientación normativa de tales interesados. En el hecho, más bien parecería que el objetivo del enunciado de estados de cosas relevantes se ha desplazado hacia el segundo plano en muchas de esas investigaciones.

Retornando sobre los pasos de la historia, se descubre una tradición de filosofía social en cuyo marco la contemplación naturalista de derecho, moral y política —con distanciamiento de la metafísica cósmica de cuño aristotélico, imperante hasta allí en el pensamiento occidental— era practicada en pleno sentido del programa señalado: la filosofía moral escocesa.[7] Los representantes de esa tradición buscaban los fundamentos naturales de los fenómenos respectivos así como las reglas a que estaban sometidos. De tal modo, realizaron el intento de inscribir la esfera de lo humano —y con ello también la vida social— en el programa cognoscitivo de las ciencias positivas teóricas. Con ello no quiere decirse que hayan omitido el aspecto normativo de los problemas, sino tan solo que su ímpetu naturalista-empirista los llevó también a incluir en sus investigaciones filosóficas aportes para un tratamiento nomológico-explicativo de la problemática. De esta tradición emanó antes que nada una ciencia social que alcanzó una teoría de un nivel de desarrollo relativamente alto —o, mejor todavía, una tradición teórica—, una concepción en que la habitual hipótesis de las ciencias naturales es traspuesta al ámbito de la sociedad: la economía política. No puedo entrar aquí en mayores detalles acerca del desarrollo de aquella disciplina. En lo que a nosotros compete, importa ante todo el hecho de que en ella se revisa una problemática medular para la comprensión de los desenvolvimientos sociales, aunque esté parcialmente limitada a la consideración de fenómenos especiales, de modo que su significación general es difícil de identificar: la Problemática de la conducción social.[8] Aquí es enfocada de modo teórico, bajo consideración de aspectos jurídicos.[9] [10]

7 Debemos especialmente a Friedrich August von Hayek una secuela de reiteradas indicaciones en relación a la importancia de la filosofía moral escocesa para el análisis de fenómenos sociales y en relación a sus propias investigaciones atingentes; cfr. al respecto sus estudios sobre David Hume y Bernard Mandeville en su colección de ensayos, *Freiburger Studien,* Tubinga, 1969, al igual que otros trabajos contenidos en dicho tomo, pero también su obra, *La constitución de la libertad,* Tubinga, 1971.

8 Cfr. mi ensayo aludido en la nota 43: *Acción individual y conducción social.*

9 (Gesetzmässigkeiten).

10 Por eso, a mi entender, Ludwig von Mises tiene toda la razón cuando afirma que "los conocimientos científico-sociales dispersos recién se convirtieron en *ciencia* con el surgimiento de la economía nacional, obra del siglo XVIII", así como cuando contempla en ella un punto de partida general para las ciencias sociales que puede contraponerse a la sociología convencional, aun cuando el apriorismo metodológico que representa resulte extraordinariamente discutible: cfr. al respecto su obra *Problemas fundamentales de la economía nacional.* Investigaciones sobre procedimientos, tarea y contenido de la doctrina eco-

Sea como fuere que se busque caracterizar individualmente y distinguir entre sí los estados de cosas designados bajo los términos derecho, moral y política, quien pretenda analizarlos desde el punto de vista de una ciencia positiva de la vida social, hará bien en acometer la empresa de integrarlos en el marco de la problemática general de la conducción social. Ello implica, sin embargo, tratarlos del modo como era usual en la tradición de la economía política. Con ello no debe suponerse, empero, que las particularidades de contenido y metodológicas de esa tradición resultarán siempre aceptables en detalle. Tampoco se pretende afirmar que esa tradición tecnica haya logrado enfocar todos los fenómenos que pudieran estudiarse de este modo, como tampoco que no puedan existir alternativas para sus intentos interpretativos que merezcan debida consideración. Sólo queremos aquí señalar que el programa de conocimiento de la economía política —en contraposición con las cotidianas interpretaciones populares de esta disciplina— puede ser interpretado de un modo adecuado, que permita aprehender teóricamente los fenómenos de la conducción social, los cuales en el análisis de la moral, la jurisprudencia y la doctrina política más antigua solían ser tratados comúnmente desde puntos de vista normativos y hermenéuticos.[11]

Las normalizaciones concretas que actúan en la conducción de la vida social se manifiestan —en el marco de tales intentos de interpretación— como estados de cosas históricamente variables y de cuño cultural diverso, al interior de las relaciones funcionales de una sociedad. La moral vigente, así como el derecho vigente, depende de todo tipo de condiciones de carácter natural y social, condiciones que han mutado en el transcurso de la historia. Lo mismo vale también para la política. Ello no significa, sin embargo, que no puedan existir condiciones muy generales para la existencia humana, generadas por vía de rasgos muy difundidos de tales reglamentaciones. Las normalizaciones variables de la vida social no pueden concebirse en sí

---

nómica y social, Jena, 1933, p. 1 y sig. El punto de partida del pensamiento sociológico en relación a la teoría conductual opera actualmente en plena coincidencia con la tradición económica. Cfr. al respecto, el libro antes mencionado de Homans: *Social Behavior*.

11 Esta interpretación, sin embargo, está abierta en un punto para modos de procedimiento que se desvían de la praxis explicativa habitual de la economía contemporánea. Considero que cabría ponderar una revisión de los supuestos conductuales habituales bajo consideración de los resultados de investigaciones psicológicas.

como aspectos jurídicos (Gesetzmässigkeiten) en el sentido del programa científico positivo. Pertenecen más bien a la esfera de estados de cosas que deben ser tomados en cuenta para la explicación de los procesos de conducción social y cuya formación y desarrollo debiera explicarse en sí. Dado que en la tradición de la sociología individualista, que alcanzó su primer clímax en la economía clásica, se explican todos los fenómenos sociales a partir de la convergencia de las acciones individuales bajo determinadas condiciones, deben buscarse los aspectos jurídicos (Gesetzmässigkeiten) que son traídos a colación para tales explicaciones, preponderantemente en el ámbito de los modos de comportamiento mismos.[12]

Las normalizaciones habrán de jugar un papel en la explicación (?), por cuanto se manifiestan en el comportamiento individual, teniendo parte, entonces, en la determinación del desenvolvimiento de los procesos sociales. Su gestación y desarrollo se explican a partir de la convergencia de modos de conducta individuales. Adquieren significado debido a su validez de hecho y es esta la que cabe explicar. Vemos así que en la ciencia positiva contemporánea, la fundamentación de validez normativa, tal como había predominado en el pensamiento filosófico social clásico, fue reemplazada por la explicación de la validez de hecho y la explicación de procesos de conducción sociales efectivos bajo consideración de la validez efectiva de las normalizaciones. Claro que este desplazamiento de los problemas difícilmente podía satisfacer el interés que subyace a la formulación de interrogantes de orden normativo.

12 Naturalmente que como medio de apoyo deben ponderarse todo tipo de leyes que contribuyan a la determinación de la estructura de las respectivas situaciones de acción, ya que establecen las características de los escenarios de acción así como el transcurso de los procesos naturales, también en agregados técnicos. Respecto de los problemas metodológicos de tales explicaciones, cfr. Siegwart Lindenberg, "Efectos individuales, fenómenos colectivos y el problema de la transformación", en: Klaus Eichner/Werner Habermehl (edit.), *Problemas de la explicación de la conducta social,* Meisenheim 1977, p. 46 y sig.

2. El carácter de la jurisprudencia: *La Dogmática y el Problema de la Cimentación Social*

La jurisprudencia en cuanto ciencia del derecho vigente a primera vista apenas parece guardar relación con la cuestión de la explicación de la validez de hecho, y, con ello, con el programa de una ciencia positiva real del tipo antes esbozado. Deriva de otra tradición, que se ha desarrollado en estrecha relación con la práctica del derecho que ante todo está determinada por el interés de servir sin más a esta praxis y no por el interés en explicaciones teóricamente fundadas.

El carácter de la ciencia jurídica en verdad parece hallarse en franco contraste con el programa de conocimiento de las ciencias positivas contemporáneas, orientado de acuerdo al interés explicativo. Por tal motivo, no debe desecharse la pregunta por si no nos hallaríamos aquí ante una forma de conocimiento constituida de un modo totalmente diferente, cuya característica metodológica resulta simplemente del modo en que orienta su praxis. También el criticismo inherente al pensamiento contemporáneo parece tocar aquí un límite, pues, tal como destacan prominentes representantes de esta ciencia, la disciplina medular de este campo, la jurisprudencia sistemática, es una ciencia dogmática de carácter normativo, en relación a la cual generalmente solo se habla de "dogmática", lo que inmediatamente impone un paralelo con la teología.[13]

Hace ya tiempo que se observó la existencia de estrechos vínculos y semejanzas estructurales entre religión y derecho, entre

13 Incluso un defensor de la jurisprudencia analítica y crítico del derecho natural como Norberto Bobbio, habla de un principio de autoridad, "que es propio de la jurisprudencia y la teología", de modo que en este caso siempre habrá que tratar con una dogmática que apunta a un deber ser; cfr. Bobbio, Sobre el concepto de "naturaleza de la cosa", en *La fundamentación ontológica del derecho,* editado por Arthur Kaufmann, Darmstadt 1965, p. 102. Julius Kraft, filósofo de la escuela Fries-Nelsoniana del Kantismo, señala críticamente que la jurisprudencia sería, de facto, "parte integral de la teología", pues contendría "el sistema de verdades jurídicas, que son verdad", por el hecho de ser proclamadas por un sujeto extraño o de autoridad concedida o inmanentes. Su verdad sería, entonces, "artículo de fe". En ella, sigue diciendo, estaría contenida "una implícita fe por revelación", que deriva del "sistema explícito de la fe de revelación, la teología", mientras la teología "puede reconocer en la jurisprudencia tan solo una disciplina derivada. Señala, en seguida, que "esta relación puede ser encubierta por los enunciados definitorios y organizativos de la jurisprudencia, pero no eliminados. Seguiría siendo "dominante para el carácter fundamental de toda forma de jurisprudencia"; Julius Kraft, *La imposibilidad de la ciencia del espíritu,* segunda edición, Fráncfort 1957, p. 50 y sig.

teología y jurisprudencia.[14] Una de las semejanzas esenciales entre el pensamiento teológico y el jurídico reside, a mi parecer, en el hecho de que en ambos casos actúa un modelo de manifestación del conocimiento, de acuerdo al cual la verdad puede inferirse a partir del enunciado de instancias que están revestidas de una incuestionable autoridad para la solución de los respectivos problemas. Como consecuencia de esto, en el marco de este pensamiento fundamentalmente solo pueden manifestarse dos tipos de problemas: problemas de identificación de los enunciados del caso y problemas de su adecuada interpretación. Por una parte tenemos la cuestión de la selección de las fuentes valederas, del "canon", y por otra aquella de su interpretación valedera, de modo que en ambos casos están en juego problemas de validez, cuya solución suele siempre guardar una relación directa con la praxis, dado que el contenido de los respectivos enunciados guarda carácter normativo.[15]

En consideración, entonces, a su estilo de pensamiento, a la típica situación de sus problemas, y con seguridad también a ciertas dificultades típicas, pareciera que entre ambas disciplinas existe un paralelismo nada despreciable. El mero hecho de que una instancia determinante haya formulado determinados enunciados en el acto es convertido en una pretensión de inmediato y general reconocimiento de su contenido y con ello, paralelamente, en una categórica pretensión de observancia. El que esa instancia tenga derecho a tales exigencias parece, sin embargo, una condición previa que solo constituye artículo de fe. En consecuencia, no podrá soslayarse la constatación de que obviamente en ambos casos se espera de los afectados una obediencia en la fe que no tiene justificación en el marco de la interpretación convencional de la praxis cognoscitiva de otras ciencias.

Sin embargo, la situación se manifiesta bajo otra luz cuando se procede a examinar la verdadera praxis interpretativa de ambas disciplinas. En ambos casos los expertos obviamente disponen de considerables posibilidades de procedimiento

---

14 Cfr. Hans Kelsen, "Dios y Estado" (1923), en Hans Kelsen, *Ensayos sobre una crítica de la ideología,* editado por Ernst Topitsch, Neuwied/Berlín 1964, p. 29 y sig., y Carl Schmitt, *Teología política.* Cuatro capítulos sobre la doctrina de la soberanía (1922), segunda edición, Munich/Leipzig, 1934, p. 49 y sig., en que a Kelsen se le atribuye el mérito de haber "aludido al parentesco metodológico entre teología y jurisprudencia".

15 Eso vale para la esfera religiosa al menos en cuanto en ella aparezcan referencias éticas.

para la solución de los problemas antes señalados. Pues no solo en ocasiones se plantean problemas con la identificación de los enunciados determinantes de las respectivas autoridades, sino que muchas veces tampoco es posible determinar sin más que una interpretación sea la adecuada. De esto deriva un espacio de libre acción para aquellos funcionarios que disponen de un monopolio interpretativo y de identificación para las respectivas "manifestaciones". En este contexto no carece de significado el hecho de que la instancia que supuestamente estaría tras de ellos pueda revelarse como ficticia al instante de proceder a una investigación más acuciosa.[16]

De tal modo, aquellos "dogmas" de los cuales deben partir estos expertos en sus actividades mediadoras, pueden entenderse en gran medida como su propio producto. Así, la comprensión y divulgación de enunciados extraños, dictados por el dogma, es reemplazada por el enunciado de dogmas de propia factura. Si bien ello parece contribuir a la flexibilidad y capacidad de adaptación de los respectivos modos de pensamiento y de las instituciones con ellos vinculadas, por otra parte muchas veces condujo a considerables dudas respecto de la legitimidad de este estilo de pensamiento.[17] Pues la autoridad de los expertos teológicos y jurídicos apenas será suficiente cuando ya no se vea sustentada por una fe de manifestación correspondiente y tampoco halle otra instancia de legitimación.

Todo hace pensar que la estructura dogmático-normativa, que suele ser atribuida al pensamiento jurídico incluso por representantes críticos de esa disciplina, no tendría muchas po-

---

16 De tal modo, la voluntad de Estado supraindividual que supuestamente subyacería a la legislación, ha demostrado ser ficción pura. Carl Olivecrona emplea esto como motivación para revisar la llamada teoría imperativa y para definir el concepto de "imperativo independiente", al cual pueden también subordinarse las leyes; al respecto, cfr. Olivecrona, *El imperativo* de *la ley*, Copenhague 1942, p. 27 y sig. También su libro, *Derecho y Estado,* Copenhague, 1940. Al parecer en teología se intenta convertir a Dios —cuya existencia resulta también dudosa para numerosos teólogos— por definición en una "interrogante libremente planteada". "En ese caso —como dice Herbert Braun—, Dios significará el 'desde dónde es conducido mi ser' ". Cfr. Braun, "La problemática de una teología del Nuevo Testamento", en su libro de ensayos, *Estudios completos sobre el Nuevo Testamento y su marco de referencias,* Tubinga, 1971, p. 341.

17 Cfr. al respecto, James M. Buchanan, *The Limits of Liberty.* Between Anarchy and Leviathan, Chicago/Londres 1975, p. 105 y sig. También la crítica que hace Von Hayek al positivismo jurídico en su obra, "Law, Legislation and Liberty, A New Statement of the Liberal Principies of Justice and Political Economy", Vol. 2 de *The Mirage of Social Justice,* Londres/Henly, 1976, p. 44 y sig.

sibilidades de ser alterada. Parece estar relacionada con los requerimientos que se plantean al jurista práctico.[18] Obviamente los representantes de la jurisprudencia deben partir de estos cuando transmiten al jurista incipiente aquel saber que habrá de aplicar posteriormente en su ejercicio profesional. Por tal motivo, la jurisprudencia parece ser desde sus orígenes mismos una ciencia en alto grado orientada hacia la praxis, para la cual una doctrina científica que se orienta exclusivamente de acuerdo al interés cognoscitivo apenas revestirá significado. Si se examina la praxis pedagógica en las facultades de derecho a fin de lograr una comprensión de la particularidad de esta ciencia, se obtiene, en primer lugar, la impresión de que hay una cosa que importa por sobre todas: que el estudiante aprenda a utilizar determinados textos —textos legales, comentarios, colecciones de veredictos— a fin de llegar, mediante su apoyo, a decisiones utilizables y congruentes con el derecho vigente. La atadura al derecho vigente parece prejuiciar el carácter a la vez dogmático y normativo, así como hermenéutico de esta praxis cognoscitiva, al menos en cuanto deba apoyarse en textos. La jurisprudencia aparentemente debe distinguirse de las ciencias positivas, determinadas por un programa de enunciados teóricos, debido al interés cognoscitivo (erkenntnissinteresse) que le subyace. Si, no obstante, se manifestasen tendencias a someter esta disciplina al ideal metodológico de las ciencias naturales o a alcanzar una revisión de su naturaleza en este sentido, suele rechazárselas con la aclaración de que ellas ignoran absolutamente el genuino carácter de esta ciencia.[19]

A pesar de lo anterior, los representantes de la jurisprudencia en modo alguno están de acuerdo en materia de interpretación de su praxis cognoscitiva y en el rechazo de pretensiones de

---

18 Cfr. al respecto, Ottmar Ballweg, "Filosofía del derecho como investigación de los fundamentos de la ciencia jurídica y de la jurisprudencia", en: Albert/Luhman/Maihofer/Weinberger (editores), *La teoría del derecho como ciencia fundamental para la ciencia jurídica*, Dusseldorf, 1972, p. 45: "En el caso de la dogmática jurídica se trata de un conglomerado de opiniones para crear las bases de una decisión en el ámbito de la evaluación jurídica". En este contexto se habla de un "imperativo de fundamentación", un "imperativo de interpretación" y un "imperativo de decisión", pero se niega expresamente una función cognoscitiva, op. cit, p. 46.

19 Cfr. al respecto especialmente: Hermann Kantorowicz, "Acotaciones racionalistas sobre el realismo", en su libro *Ciencia jurídica y sociología*. Escritos para la doctrina de las ciencias, editado por Thomas Würtenberger, Karlsruhe, 1962, p. 101 y sig., así como: Eike v. Savigny, *La jurisprudencia a la sombra del empirismo*, y mi propia respuesta: "¿Normativismo o

este tipo, así como tampoco existe un consenso respecto de su posición frente al derecho natural y su significado para el derecho positivo y la ciencia jurídica referida a este. Los representantes de esta disciplina más bien difieren considerablemente en materia de definir el carácter de la misma.

Aún en la actualidad se descubren concepciones enmarcadas en el derecho natural en que el derecho positivo se considera constituido —y obligado— por una realidad normativa de carácter absoluto, por una especie de derecho superior,[20] una realidad independiente de los designios humanos, aunque obligatoria para los hombres, y reconocible por sobre toda duda. La idea de tal realidad solo tiene en el fondo sentido cuando se la contempla en el marco de una cosmología socio-morfa,[21] de cuyo seno efectivamente surgió, una concepción, entonces, en que la relación total de la naturaleza —incluyendo al mundo de los hombres inserto en ella— es interpretada como una relación de significados constituido por potestades divinas. Habría que considerar, entonces, aquellas potestades como fuente de esas normas absolutamente obligatorias, que, de acuerdo a esta visión, compenetrarían toda la realidad, y de acuerdo a las cuales tendría también que regirse el derecho positivo de las comunidades humanas. Sin aceptación de la existencia de tales potestades generadoras de normas, la interpretación normativa de la realidad, característica del derecho natural, carecería de todo fundamento.[22] Este derecho guarda, desde sus orígenes, un carácter sagrado y su empleo para la legitimación del derecho positivo debe conducir a la sacralización del mismo, tal

---

tecnología social?" en *Teoría jurídica como ciencia fundamental para la ciencia jurídica,* op. cit. p. 97 y sig.

20 Cfr. Alfred Verdross, "¿Qué es derecho? La crisis del positivismo jurídico y del derecho natural", en: *¿Derecho natural o positivismo jurídico?,* editado por Werner Maihofer, Darmstadt 1966. p. 307 y sig. También, Albert Auer, "El hombre y el derecho", en el mismo tomo, p. 463.

21 Cfr. al respecto, Hans Kelsen, *Dios y Estado,* op. cit. y Ernst Topitsch, *Del origen y fin de la metafísica.* Un estudio sobre la crítica de la Weltanschauung. Viena, 1958.

22 Con ello no se pretende negar que esta concepción pueda revestir ventajas desde un punto de vista práctico; cfr. al respecto, Bertrand de Jouvenel, *Sobre el poder del Estado.* Historia natural de su crecimiento, Friburgo, 1972, p. 237 y sig. La crisis de fe, sin embargo, conduce a que también ella se vea minada, con lo cual desaparecen sus ventajas. Cfr. op. cit., p. 250 y sig.

como en realidad ha ocurrido.[23] La posibilidad de tal legitimación concreta surge de su derivación de tales normas suprapositivas. El problema del conocimiento del derecho reside aquí exclusivamente en identificar la manifestación de las instancias sentadoras de normas, en interpretarlas debidamente y en aplicarlas correctamente. Vemos así que en el pensamiento del derecho natural podemos todavía hallar la unidad de teología y jurisprudencia y no solamente semejanza estructural.[24]

La concepción del derecho natural es, de esta forma, una versión de aquel pensamiento fundacional (Begründungsdenken) que hoy suele considerarse superado, versión que, por lo demás, sufre bajo el peso del concepto híbrido de una realidad normativa y el concepto complementario de este, el de un conocimiento normativo. Estos conceptos apenas ocultan que en este pensamiento a fin de cuentas se recurre exclusivamente a la pura factualidad en una instancia sentadora de normas, a un factum metafisico, por así decirlo, que bien puede de este modo sustraerse a un conocimiento normal, pero en modo alguno inmunizarse contra la pregunta por su legitimación. Los críticos naturalistas del positivismo jurídico olvidan demasiado a menudo que sus construcciones pueden ser sometidas a crítica en exactamente el mismo punto en que ellos suelen criticar determinada versión del positivismo, es decir, allí donde un hecho —como lo es la efectividad de un orden jurídico— se ve provisto de validez en el sentido normativo.[25] También a nivel teológico-metafísico, un razonamiento en torno al efecto de una

---

23 Cfr. el aporte de crítica del derecho natural de Adolf Arndt, en "La crisis del derecho", en *¿Derecho natural o positivismo jurídico?*, op. cit. p. 116 y sig.

24 No debe por tanto sorprender que el modo de pensamiento aquí predominante guarde a la vez carácter dogmático, normativo y hermenéutico, pues se trata de entender el contenido normativo de revelaciones dogmáticamente planteadas. En este contexto también resulta comprensible la constatación de Hans Dombois respecto de que "la estructura del problema jurídico coincide fundamentalmente con la estructura de la teología de revelación", cfr. Dombois, "El problema del derecho natural. Intento de un esbozo", en *¿Derecho natural o positivismo jurídico?*, op. cit. p. 456.

25 Alf Ross sometió esta versión del positivismo como cuasi-positivismo de carácter jurídico natural a una crítica profunda, empleando el ejemplo de la "norma fundamental" de Kelsen. Cfr. al respecto, "Validity and the Conflict between Legal Positivism and Natural Law", *Revista Jurídica de Buenos Aires*, 1961, IV, p. 46 y sig., y, especialmente, 78 y sig. El mismo ejemplo es también empleado por un representante del derecho natural para "revelar el talón de Aquiles del positivismo moderno" a fin de sacar de allí conclusiones positivas para el derecho natural. Cfr. A. P. d'Entreves, *Natural Law. An Introduction to Legal Philosophy*, Londres 1951, p. 106 y sig.

dictación de normas sobre su validez normativa no puede ser otra cosa que un sofisma.

Por tanto, el retorno sobre el derecho natural no podrá en modo alguno subsanar la carencia que se atribuye a la concepción positivista. Además de lo anterior, resulta imposible calzar la cosmología socio-morfa —sin la cual este tipo de pensamiento de derecho natural carecería de sentido— con la imagen del mundo que nos entrega el conocimiento de las ciencias contemporáneas. De esto podría surgir un cuestionamiento adicional de este pensamiento.[26] La idea de que la ciencia jurídica requeriría hoy nuevamente de esta variable suprapositiva del pensamiento,[27] se basa, a mi entender, en un desconocimiento de las principales reservas contra la misma, desconocimiento que parece emanar de una evaluación que surge de una apreciación discutible, de determinadas relaciones históricas.[28] La sacralización del derecho no tiene para qué tener que ver con su humanización. El hecho de que esta crítica no afecte a toda forma de pensamiento jurídico que se sirve del lenguaje del derecho natural, no es algo que requiere mucha atención.[29]

Quien hace abandono de un modo de pensar naturalista obtiene la posibilidad de contemplar el derecho positivo como creación cultural del hombre, perteneciente al ámbito del control social, de la conducción del comportamiento recíproco de los miembros de una sociedad, al cual habrá que añadir, también, los fenómenos de las costumbres y la moral, como se propuso ya con anterioridad. Se trata aquí de tipos de normas bastante determinados —y no parece haber al respecto demasiada divergencia— que en general son empleadas por determinados man-

---

26 En aquel caso en que se está dispuesto a llevar a fructificación el avance cognoscitivo logrado para la estructuración de la propia imagen del mundo y con ello también para la crítica de concepciones del mundo tradicionales, cosa que, sin embargo, no puede demostrarse sea "necesaria". Cfr. al respecto mi libro arriba mencionado *Tratado sobre la razón crítica.*

27 Para la crítica de un intento de demostrar que el positivismo jurídico es "lógicamente contradictorio", cfr. Norbert Hoerster, "Sobre la posibilidad lógica del positivismo jurídico", en *Archivo para filosofía del derecho y de la sociología,* Vol. XVI, 1970, p. 43 y sig.

28 Para una crítica, cfr. Adolf Arndt, *La crisis del derecho,* op. cit., así como August Knoll, *Iglesia Católica y derecho natural escolástico.* Sobre la pregunta de la libertad. Viena, Francfort, Zurich, 1962.

29 No toca, por ejemplo, a la interpretación preferida de Von Hayek, que, según he podido ver, no revela ninguna de las deficiencias arriba señaladas; cfr. Von Hayek, *The Mirage of Social Justice,* op. cit. p. 59 y sig.

datarios calificados de las complejas sociedades contemporáneas —jueces, abogados y empleados administrativos— para la interpretación de determinadas situaciones y que en gran parte podrán hallarse en textos oficiales.[30] Esos textos componen el fundamento de aquello que se enseña en la disciplina medular de la ciencia jurídica, la llamada jurisprudencia "dogmática".

Este concepto, sin embargo, no conduce en absoluto a una determinación unívoca del carácter de esa disciplina. Más bien debieran distinguirse al menos dos corrientes fundamentales del pensamiento jurídico, que, de acuerdo a sus bases, plantean interpretaciones diferentes: una tendencia sociológico-realista y otra normativa-analítica. De acuerdo a la primera, la jurisprudencia, en cuanto ciencia empírica, trata con estados de cosas sociales. De acuerdo a la segunda, en cambio, trata con reglas válidas y por tanto solo puede ser concebida como ciencia normativa, que apunta a la identificación de un deber ser.[31] Obviamente aquí se intenta determinar —bajo abstracción de puntos de vista tanto de derecho natural como sociológicos— el derecho positivo como un cosmos autónomo de normas vigentes, que habrá de ser comprendido cognoscitivamente por una jurisprudencia pura de carácter no-empírico.

Indudablemente esta visión de las cosas sale al encuentro de la comprensión que tiene de su praxis profesional el jurista normal, dado que esta praxis consiste en gran parte en emplear tales normas para derivar o legitimar decisiones. Por lo demás, también sale al encuentro de la orientación fundamental tanto del pensamiento analítico como del hermenéutico, pues las normas a aplicarse deben ser siempre definidas con apoyo de una interpretación de textos pertinentes. La metodología de la jurisprudencia pura parece así retrotraerse más bien a los modos de procedimiento hermenéuticos o analíticos acentuados en estas corrientes filosóficas que a los métodos de las ciencias positivas reales. Característico resulta que la argumentación de los normativistas contra el realismo parezca más plausible cuando alude, por ejemplo, a la actividad del juez, quien no puede sus-

30 Así al menos se aprecia la situación actual, que es la que más nos interesa.

31 Respecto de la primera concepción, cfr. por ejemplo, Alf Ross, *On Law and Justice,* Londres 1958; respecto de la segunda, Hermann Kantorowicz, *El concepto de derecho,* editado por A. H. Campbell, Gotinga, sin año, p. 38 y sig., y Hans Kelsen, "Causalidad y Responsabilidad", *Revista austríaca para derecho público* (Desterreichische Zeitschrift für Oeffentliches Recht), Tomo VI, 1954, p. 133 y sig.

tentar sus decisiones únicamente sobre descripciones y explicaciones de estados de cosas sociales, sino que siempre requerirá de reglas normativas para justificarlas.[32] Si la jurisprudencia se limitara a vaticinar la conducta de los magistrados, como pareciera ocurrir en determinadas versiones del realismo, entonces a todas luces ni el propio juez sabría qué hacer con ella cuando se encuentra ante el imperativo de decidir, pues no desea pronosticar su propia conducta sino que tomar una decisión acertada.

Claro que en relación a tales argumentos también podría cuestionarse el punto de partida del normativismo. Pues en modo alguno debe darse por sentado que la jurisprudencia en cuanto ciencia pueda identificarse sin más con el juez en una situación en que habrán de tomarse decisiones. Las declaraciones sobre el derecho deben ante todo distinguirse de las normas del derecho y de los textos que las contengan, de la relación de contenido de los documentos jurídicos.[33]

Si las reglas del derecho positivo guardan en sí carácter normativo, de ningún modo ello debe también valer para los enunciados de la jurisprudencia sobre dichas reglas. Si en definitiva se opta por tomar en serio esta distinción, desaparecerá la extraña idea de una comprensión cognoscitiva de las normas, que debiera plasmarse en enunciados normativos. El hecho de que los enunciados del lenguaje jurídico guarden un alto grado de carácter normativo es algo que apenas se puede discutir. La aplicación —por el juez u otros encargados— de esos enunciados a situaciones jurídicamente relevantes, conduce a decisiones con las correspondientes repercusiones sociales. Los enunciados de la jurisprudencia, en cambio, refieren a enunciados del primer tipo y a las reglas en ellos formuladas. Por tanto, no necesitan tener ese carácter.

Desde luego que pueden tratarse esas reglas como si se tratara de aquel cosmos autónomo de normas vigentes, de cuya existencia cree poder partir la concepción normativista-analítica. Esa ficción se derrumba, sin embargo, apenas se formula la pregunta de qué debe aquí entenderse bajo "vigencia" y a qué ámbito espacio-temporal se refiere dicha vigencia. Pues entonces queda inmediatamente de manifiesto que de algún

32 Cfr. al respecto la argumentación de Kantorowicz contra el realismo norteamericano, op. cit. p. 110 y sig.

33 Cfr. al respecto Alf Ross, *On Law and Justice*, op. cit. p. 9.

modo habrá de ponderarse la raigambre social y la efectividad de dichas normas.[34] La cuestión de la existencia de tal sistema de normas —del derecho positivo y también de la moral positiva— no puede decidirse sin referencia a hechos sociales. Pero si no se condesciende a considerar esta cuestión, ya no podrá verificarse una diferencia sustancial entre el derecho positivo vigente en determinado ámbito —un terreno espacio-temporal concreto— y un sistema imaginario de reglas de tipo similar.[35] Una jurisprudencia pura, que se abstraiga en tal grado de estados de cosas sociales, tendrá así que degenerar en una ciencia formal.

3. El carácter de la jurisprudencia: *La Interpretación Social-Tecnológica*

El conocimiento de las normas vigentes del derecho positivo —sin duda alguna piedra angular del saber científico-jurídico— es, tal como hemos visto, también de gran importancia para el análisis de la realidad social. Ello se debe justamente a que estas normas son efectivas en cierto grado, lo que hace insoslayable su consideración para la explicación de relaciones causales. La problemática de la conducción social y del modo de funcionamiento de los mecanismos de conducción, que codeterminan el desenvolvimiento de la vida social, no podrá ser resuelta sin consideración de las normalizaciones efectivas de hecho.

Punto de partida para su solución puede ser la idea teórica de que las creencias cognoscitivas y normativas de las personas actuantes tienen, junto con factores motivacionales, trascenden-

34 También H. L. A. Hart, quien en su análisis pone especial énfasis en el aspecto interno de las reglas legales —su demanda de obediencia frente a los destinatarios— se ve empero obligado a echar mano de una regla reconocida de hecho (rule of recognition) para responder a la pregunta por la identificación del sistema legal válido en determinado ámbito: cfr. Hart, *The Concept of Law,* op. cit. p. 97 y sig. Esa regla coincide en muchos aspectos con la norma fundamental de Kelsen, pero el problema de su existencia siempre es una cuestión de hecho: cfr. Hart, op. cit., p. 245 y sig.

35 También la concepción defendida por Von Hayek me parece una versión del realismo, ya que para él, en jurisprudencia, lo primero debe ser la identificación de las reglas jurídicas tradicionales, es decir, resolver una cuestión de conocimiento. Luego hay otra tarea en que debe examinarse el sistema de reglas en cuanto a su consistencia y modificarlo correspondientemente, así como complementarlo y desarrollarlo; cfr. Friedrich August von Hayek, *The Mirage of Social Justice,* op. cit., pp. 15, 38 y sig.

cia constitutiva para un proceso de formación de voluntades y con ello para sus decisiones, así como para la formación de sus hábitos de acción.[36] Conducen entre otras cosas también hacia un modo específico de la percepción de situaciones y —en su marco— a expectativas —también respecto del comportamiento de terceros— que deben considerarse relevantes para una decisión. Es de toda obviedad que en este contexto las normalizaciones consideradas válidas —también aquellas del derecho positivo— pueden jugar un importante papel, y no solo como partes constitutivas de componentes normativos, sino también de componentes cognoscitivos de los respectivos sistemas de creencias. La suposición de que otras personas se orientan de acuerdo a tales normas es también decisiva para el horizonte de expectativas de la persona cuya conducta se requiere explicar. De tal modo, el saber en torno de las normas efectivas en la sociedad adquiere relevancia para la explicación de procesos sociales.[37] Es aprovechado en la construcción de las condiciones de aplicabilidad de las disposiciones legales pertinentes.

Supongamos, por ejemplo, que el problema consiste en explicar determinada decisión judicial. Ya la mera identificación de este comportamiento como actividad llena de sentido constituye un acto de comprensión que presupone cierto conocimiento jurídico. Por supuesto que también la explicación debe conceder su carácter racional. Sin embargo, ello no significa en modo alguno que las normalizaciones respectivas sean los únicos factores relevantes en cuanto a su causalidad. Por el contrario, requiere de explicación en cuanto a cómo la persona del caso se orientó de acuerdo a ellas y del modo cómo lo hizo; en cuanto, entonces, son relevantes para la conducción. Ello puede conducir a relaciones de efecto bastante complejas, en que también juegan un papel factores motivacionales y situacionales,

---

36 Ya en los trabajos de Max Weber puede hallarse una indicación en ese sentido; cfr. por ejemplo aquellos pasajes determinantes de su ensayo *La 'superación' de Stammler de la concepción materialista de la historia* (1907), en que su concepción de una "explicación comprensiva" es ejemplificada de modo particularmente convincente. Respecto del problema de la posibilidad de explicar las actuaciones humanas —es decir, de modos de conducta más plenos de sentido y más comprensibles— de acuerdo a una base teórica. Cfr. mi ensayo, *Hermenéutica y ciencias positivas*, op. cit.

37 De su conocimiento resultan puntos de apoyo para la reconstrucción de los sistemas de creencias de los actuantes. Weber parece haber comprendido esos actos de reconstrucción bajo el término de "entender". La solución del problema de la explicación sobre esta base parece, eso sí, ser insuficiente en los detalles.

de modo que su penetración teórica puede resultar extremadamente dificultosa. La tradición individualista de la sociología —encarnada en el pensamiento económico— dependerá de los resultados pertinentes de la investigación psicológica justamente en relación a este tipo de problemas. Para resolverlos, obviamente debe haberse comprendido nomológicamente la estructura de una conducta parcialmente regulada por normas.

Vemos así cuán importante es para la explicación de la conducta de hecho el papel jugado por la reconstrucción de las creencias relevantes para una decisión adoptada por las instancias pertinentes —el juez, cuyo veredicto deba explicarse, pero también el empresario, por ejemplo, quien pondera las reglas legales vigentes para sus decisiones— con aplicación del saber sobre el sistema de normas vigente, el derecho positivo o la moral positiva. En la mayoría de los casos incluso habrá de conformarse de facto con solo un esbozo explicativo, en el cual la interpretación de la respectiva situación con apoyo de dicho sistema normativo por quien explica reemplaza una presentación explícita de las relaciones de acuerdo al esquema explicativo convencional. Por tal motivo, resulta totalmente comprensible que pueda surgir la idea de que en este caso se podría renunciar a explicaciones porque todo el proceso de relaciones estaría suficientemente explicado con su mera comprensión, y que, además, se creía poder interpretar dicha comprensión en el sentido de la hermenéutica, a pesar de que esa disciplina solo alcanza validez en cuanto tecnología para la interpretación de textos.[38]

Bajo ciertas condiciones de normalidad, la aplicación del esquema interpretativo atingente sobre la base de la interpretación de los textos pertinentes —por ejemplo, de las leyes, comentarios y colecciones de veredictos— constituye, en cierto modo, un sucedáneo para una explicación suficiente, con lo cual la interpretación de textos se convierte en el medio heurístico esencial de ese tipo de solución de parche para el problema de la explicación. Esto puede fácilmente conducir a la miope concepción de que tanto la sociología del derecho como la jurisprudencia dogmática no serían, en el fondo, sino disciplinas hermenéuticas, ya que ambas tendrían que ver en última instancia con la interpretación de textos para la formulación

38 No solo Dilthey sino también Schleiermacher se acercaron a esta concepción. Cfr. al respecto, *Hermenéutica y ciencias positivas*, op. cit.

de decisiones adecuadas. Pero en la sociología del derecho —como en todas las ciencias sociales teóricas— se trata más bien de iluminar relaciones de efectos, de las cuales el derecho es parte constitutiva. La interpretación de textos es solo un medio auxiliar en el marco de estos esfuerzos cognoscitivos, destinada a reconstruir el contexto de la conducta de solución de problemas (Problemlösungsverhalten) de los individuos pertinentes. Aquel que pasa a considerar el derecho vigente como parte constitutiva del "espíritu objetivo", halla aquí un indicio de cómo ese espíritu influye sobre el acontecer de hecho: toma parte en la estructuración de la situación problemática de las personas que actúan. El que una ciencia de la conducción social se vea también necesitada —entre otras cosas— de interpretaciones de textos para la reconstrucción de las disposiciones institucionales pertinentes para el desenvolvimiento social, me parece algo de total obviedad.[39]

Volvamos nuevamente sobre la disciplina medular de la ciencia jurídica, la llamada "jurisprudencia dogmática", a fin de esclarecer la cuestión de si esta disciplina efectivamente no puede tener una relación de primer orden con la praxis cognoscitiva de las ciencias positivas. Habíamos visto que la tesis del carácter normativo de esta disciplina, tenida por muchos como solo natural, resulta problemática, aun cuando no se discuta el carácter normativo del lenguaje juridico o, más bien, de los textos redactados con el mismo. Tal como hemos visto, no es posible sin más deducir del carácter de este lenguaje el de la jurisprudencia, en que se hable sobre enunciados formulados en ese lenguaje, y sobre su significado, es decir, de las normalizaciones que hallan expresión a través de ellas. En cuanto esto sea del caso, la jurisprudencia no aparecerá en primer lugar como una disciplina normativa, aunque sí como otra al menos hermenéutica. En cuanto a su calificación de "dogmática", no queda del todo establecida su justificación.[40]

39 La economía teórica probablemente tendrá que vérselas más que antes con tales cuestiones, especialmente ahora que se hallan sometidas a los avatares de la "revolución institucional".

40 En el caso de Kantorowicz evidentemente surge del hecho que las reglas por ella analizadas son llamadas "dogmas" por el autor. Cfr. Kantorowicz, *El concepto de derecho,* p. 45 y sig. Claro que aun si se acepta este curioso uso del lenguaje, no podrá transferirse la caracterización del objeto de esta disciplina a ella misma.

Sin embargo, los procedimientos interpretativos practicados en su contexto obviamente sirven para reconstruir el "derecho vigente". Si por esto se entiende —como suele ocurrir— el orden legal vigente de hecho, y efectivo, por tanto, en determinado terreno espacio-temporal, entonces con seguridad estaremos frente a un estado de cosas de la realidad social[41]. Siguiendo esta línea, las hipótesis de interpretación para los textos legales pertinentes serian nuevamente solo medios de apoyo para la formulación de hipótesis normales respecto de estados de cosas sociales —es decir, respecto de determinados fenómenos de conducción— en determinados campos espacio-temporales socioculturalmente delimitables. Con esto habríamos llegado a aquella concepción realista-sociológica de la jurisprudencia, que es rechazada por los normativistas por inadecuada porque convertiría esa disciplina en algo inútil para la praxis del derecho. Resulta difícil, sin embargo, descubrir argumentos contra esta concepción cuando ella es expuesta de un modo que persiga hacer justicia al carácter normativo de los textos jurídicos.

Sin embargo, el hecho de que los textos relevantes dejen abierto un espacio de interpretación más o menos amplio y que, además, la idea de la falta de vacíos del orden jurídico haya demostrado ser totalmente insostenible, aparentemente conducen a nuevas dificultades. Por tanto, se hace necesario complementar el sistema de normas vigente con prácticas interpretativas correspondientes. Eso significa en primera instancia que la verificación del orden jurídico efectivamente vigente no resulta tan fácil como cabría suponer.[42] Pero eso aún no es motivo suficiente para dejar de lado la concepción realista. Claro que podrá entenderse que una jurisprudencia que desee otorgar orientación a la praxis jurídica a estas alturas buscará poner en juego puntos de vista normativos, pues aquí surge la interrogante de "cómo deben interpretarse las leyes y llenarse sus vacíos",[43] a fin de que la regulación de las respectivas condiciones sociales

---

41 Cfr. al respecto Alf Ross, *On Law and Justice*, Londres 1958, en que se defiende la tesis de que el representante de la jurisprudencia que describe este orden jurídico puede formular sus conclusiones del modo siguiente: "Esta y la directiva son ley alemana vigente". Pero tales enunciados habrán de entenderse como enunciados de hechos.

42 Cfr. al respecto Hart, *El positivismo y la separación de derecho y moral*, op. cit., p. 29 y sig.

43 Así Kantorowicz en su ensayo: *Ciencia jurídica y sociología*. Escritos seleccionados sobre doctrina de las ciencias. Karlsruhe, 1962, p. 137, en que se trata de una regulación del boicot de acuerdo a "los fines de la ley".

sea adecuada, en el sentido del derecho vigente, interrogante cuya respuesta en la práctica muchas veces conducirá al proceso que suele llamarse "creación legal judicial". Al parecer ella contribuye a la formación del orden legal, de modo que una simple identificación del orden vigente no parece contribuir a la solución de los problemas aquí planteados. En caso de optarse simplemente por dejar esta solución en manos de la praxis del derecho, habría que concluir que la jurisprudencia en cuanto ciencia a todas luces tendrá muy poco que ofrecer en un nivel muy importante de dicha praxis. ¿Cabe entonces abandonar la concepción realista y suscribir el normativismo, cuando se desea entregar a la jurisprudencia la tarea de no solo identificar el orden legal vigente, sino que de contribuir a su formación mediante proposiciones adecuadas?

Interesante resulta constatar que, en este contexto, los representantes del normativismo tienden a poner en juego el punto de vista teleológico, en cuanto proceden a señalar los fines según los cuales debieran orientarse las proposiciones interpretativas de la jurisprudencia.[44] Sin preocuparse por si se piensa obtener tales puntos de vista finalistas o valorativos del derecho mismo o de otras fuentes, no queda en absoluto establecido por qué no habría de explicitárselos con el fin de hacerlos accesibles a una evaluación general. Lo mismo vale también para las reflexiones sobre las relaciones de efecto que sean relevantes para la formulación de determinadas proposiciones, como, por ejemplo, sobre los efectos de normas aplicadas o de proposiciones de interpretación de la vida social, reflexiones que definitivamente habrán de jugar un importante papel.[45] Quien desee determinar el significado de la ley, debe eo ipso reflexionar sobre los efectos que se persiguen con ella y el orden a que se aspira a través

44 Cfr. al respecto Norberto Bobbio, "Sobre el concepto de 'naturaleza de la cosa'", en donde se demuestra que aquellas argumentaciones que parten de la naturaleza de la cosa pueden ser reducidas a interpretaciones teológicas. Cfr. también Hart, op. cit., p. 54 y sig.

45 También Von Hayek contempla en su concepción la consideración de puntos de vista finalistas y relaciones de hecho; Cfr. su obra "Law, Legislation and Liberty", Vol. I: *Rules and Order,* Londres, 1973, en donde se constata, entre otras cosas, "que no puede existir una ciencia del derecho que sea meramente una ciencia de normas y que no considere el orden de los hechos que tiene por objetivo", y luego se plantea el problema de la compatibilidad fáctica de las normas de un sistema. Cfr. al respecto el capítulo sobre problemática de compatibilidad en mi colaboración con la miscelánea en honor de Kraft: "Ciencia y Política", en *Problemas de la teoría científica,* editado por Ernst Topitsch, Viena, 1960, p. 223 y sig. Véase también Von Hayek, *The Mirage of Social Justice,* op. cit., p. 38 y sig., en donde se vuelve a acentuar la relación interna general del sistema de normas.

de ella. Tales reflexiones tornan imperativa la aplicación de un saber nomológico, pues los efectos de conducción de las leyes y de sus interpretaciones no son meramente consecuencias lógicas de los respectivos enunciados. Naturalmente también hacen necesaria la consideración de la relación sistémica de las respectivas normas, en cuanto esos efectos están condicionados por esta relación.

Ahora bien, si se persigue explicitar todo esto hasta donde es posible —y justamente una jurisprudencia orientada hacia la praxis tiene buenos motivos para ello si realmente desea apoyar esta praxis— surgirá la posibilidad de concebir esta disciplina como una tecnología social, orientada de acuerdo a puntos de vista valorativos determinados y tal vez incluso alternativos. Esa tecnología apunta a formular —en el marco de estos puntos de vista hipotéticamente planteados— determinadas proposiciones de interpretación para principios normativos reconocidos en el derecho vigente, determinadas proposiciones para la modificación del sistema de normas vigentes, a fin de superar conflictos normativos y también para la formulación de proposiciones para la complementación del sistema mediante la introducción de nuevas normas en el contexto de la legislación. Más adelante volveremos sobre el problema de los puntos de vista valorativos que pudieran entrar en juego. La adopción de las interpretaciones o normalizaciones respectivas por parte del derecho vigente sería entonces cosa de las instancias autorizadas de la práctica del derecho —los jueces y los organismos legislativos— que podrían adoptar sus decisiones a la luz de los conocimientos entregados por la jurisprudencia. Esta, por su parte, tendrá orientación práctica sin guardar carácter normativo. No sería dogmática sino que operaría mediante hipótesis, en las cuales hallaría especial aplicación el conocimiento científico-social pertinente. No sería tampoco una disciplina hermenéutica, a pesar de que operaría también, entre otras cosas, con métodos de interpretación de textos.

4. Economía política como jurisprudencia racional: *El Fundamento Tecnológico-Social de la Política*

Tal como hemos visto, es posible concebir la economía teórica como una prolongación sociológica que se ha puesto como tarea la investigación de la problemática de la conducción social en el marco de un programa cognoscitivo naturalista. Ello significa, sin embargo, que en esta tradición teórica deben considerarse necesariamente las condiciones institucionales de tales fenómenos de conducción, y por tanto también las normalizaciones efectivas en este contexto. Eso ha ocurrido extensamente en la economía clásica.[46] Con la fase neoclásica se inició luego un desplazamiento de la problemática en dirección a una concepción lógico-decisiva y formalista, bajo cuya influencia se difundió la tendencia a construir modelos económicos en un vacío institucional y a convertir sus principios conductuales fundamentales en todo lo vacíos de contenido que fuera posible.[47] Solo desde hace poco tiempo se ha estado desarrollando en el marco de la tradición económica un institucionalismo teórico que ha vuelto a colocar en primer plano una de las ideas clásicas medulares[48] al tomar en debida consideración el significado de regulaciones legales para la conducción de procesos sociales.

El programa de conocimiento económico está estructurado de tal modo en sus rasgos fundamentales que los resultados de la investigación teórica propia de esta tradición podrían ser fundamento de una jurisprudencia racional y de una disciplina tecnológica del tipo arriba esbozado, que debieran contener como parte importante una doctrina de la legislación.[49] Puede sonar extraño caracterizar a la economía teórica como una tradición sociológica, calificándola a la vez de posible fundamento de tal jurisprudencia. La impresión de confusión que esto pue-

---

46 Ello vale ante todo para la obra de Adam Smith, quien fue, tal como observa justificadamente Hutchison —cfr. Terence Hutchison, "Adam Smith and the Wealth of Nations", *The Journal of Law and Economics,* Vol. XIX, 1976, p. 507 y sig.—, un filósofo en el más amplio sentido de la palabra, y especialmente un filósofo social, que confirió gran importancia al marco legal del acontecer social en sus investigaciones económicas.

47 Esta tendencia, que he atacado reiteradamente como "platonismo-modelo", es criticada desde hace algún tiempo muy agudamente por Harold Demetz y otros representantes de la tendencia del derecho de propiedad como "punto de partida nirvánico". Otros teóricos se esfuerzan en aprovechar los resultados de la investigación psicológica para la revisión de los supuestos conductuales. Véase al respecto Tibor Scitovsky, *Psicología del bienestar económico.* Las necesidades de los hombres y la demanda del consumidor, Francfort/Nueva York 1977; Harvey Leibenstein, *Beyond Economic Man. A New Foundation for Microeconomics,* Cambridge (Mass.) Londres, 1976.

48 Cfr. al respecto Eirik G. Furubotn/Svetozar Pejovich, "Property Rights and Economic Theory: A Survey of Recent Literature", *Journal of Economic Literature,* Vol. X, 1972, p. 1137 y sig., así como el libro de ensayos editado por estos dos autores: *The Economics of Property Rights,* Cambridge, Mass. 1974.

49 Dugald Stewart, editor de las obras completas de Adam Smith, destacó claramente en su apéndice biográfico la relación de la economía política con este tipo de jurisprudencia.

de provocar solo surge del hecho de que tendemos a tomar más en serio la división del trabajo científica e institucionalmente arraigada, y la delimitación disciplinaria con esta vinculada, que la estructura de nuestros problemas teóricos y prácticos. Aquel que —soslayando la validez general de su punto de partida teórico— deseara limitar la ciencia económica al llamado ámbito de las finanzas, consignando a la sociología los problemas residuales que esta no ha podido hasta ahora resolver, limitando a la jurisprudencia exclusivamente a la interpretación de textos, en el hecho solo podrá considerar como intento ilegítimo de romper las barreras consagradas por la tradición entre las disciplinas establecidas aquella función arriba propuesta, originada en el carácter mismo de los problemas aquí planteados. Tendrá dificultades, sin embargo, para comprender cómo la obra económica cumbre de Adam Smith pudo ser calificada de aporte a la doctrina de la legislación y tampoco podrá considerar aceptable la estrecha relación de los principios de legislación de Jeremías Bentham con la problemática económica fundamental.

El utilitarismo, que ejerció considerable influencia sobre el pensamiento económico en su fase neoclásica, ha sido agudamente criticado por los más variados motivos, y no siempre sin razón.[50] Esto no significa, empero, que todas sus ideas sean inaplicables. Las diferencias entre la filosofía moral escocesa y el radicalismo filosófico de Bentham no son despreciables,[51] aunque existe un importante rasgo común que justamente atañe a nuestro problema. Bentham, al igual que Hume y Smith, deseaba transferir el programa de interpretación teórica de las ciencias naturales —probadamente eficaz— al ámbito moral, es decir, a la esfera de la vida social,[52] para, en seguida, proceder a fundar una doctrina artificiosa que habrá de ser empleada

---

Para él, la obra de Adam Smith, *An Inquiry into the Nature and Causes of the Wealth of Nations*, 1776, "...el trabajo más exhaustivo y perfecto que haya aparecido hasta ahora sobre los principios generales de cualquier rama de la legislación". Cfr. Stewart, "Account of the Life and Writings of Adam Smith, L. D., en *The Works of Adam Smith, in five volumes*, Vol. V, 1811-1812, Reprint, Aalen 1963, p. 484.

50 Cfr. el capítulo V.

51 Véanse especialmente los respectivos trabajos de Von Hayek, P. ej. *The Mirage of Social Justice*, op. cit., p. 17 y sig.

52 Cfr. Elie Halevy, *The Growth of Philosophical Radicalism*, London 1928, p. 9 y sig., cuyo objetivo fue introducir el método de Newton al análisis de la moral.

como fundamento de una política racional. No dejó tampoco de vislumbrar el significado de una teoría general de la conducta para la consecución de dicho objetivo, teoría que, en el marco de su concepción, debió inducirse de la tendencia de los hombres a satisfacer sus necesidades a fin de explicar sus modos conductuales. Buscó esbozar dicha teoría[53] y lo hizo de una forma que anticipó aquello que más adelante se verificó por medio de la investigación psicológica. Bentham observó que la expectativa de premios o castigos de diversa índole, relacionada con esa tendencia a la satisfacción de necesidades, revestía gran significado para el comportamiento[54] y que la artificiosa doctrina de la legislación —como parte de una tecnología social— debe arrancar de los conocimientos respectivos si busca proceder de un modo realista.[55]

Toda legislación efectiva propende, a fin de cuentas, a una reorientación del orden social en determinadas esferas. Esa reorientación se posibilita mediante que determinados modos de conducta son premiados por positivos o negativos —a través de sanciones positivas o negativas en el amplio sentido de la palabra— logrando de este modo un cambio en el enfoque de los intereses por parte de los miembros de una sociedad. Eso, desde luego, no es valedero solo para actos legislativos, sino también para otras intervenciones en la vida social. El programa cognoscitivo individualista, que busca explicar todos los fenómenos sociales a partir de la convergencia de modos de comportamiento de individuos que se esfuerzan por resolver los problemas constituidos por sus necesidades y aspiraciones, parece —merced a su estructura— especialmente indicado para servir de fundamento para tal tecnología social.[56]

Una ciencia aplicada de esta naturaleza solo puede plantear posibilidades de acción y, por tanto, posibilidades de realizar determinados objetivos o combinaciones de objetivos, emplean-

---

53 Véase *Principios de legislación,* de J. Bentham, editado por Etienne Dumont, Colonia, 1833.

54 Esto no es tan trivial como puede sonar *prima facie*, puesto que "premios" y "castigos" fueron considerados en un sentido muy amplio en relación a la estructura de las necesidades.

55 Esto vale también para otras partes de la tecnología social, p. ej. la doctrina de la educación: Cfr. al respecto, Kurt Lewin, *La situación psicológica en premios y castigos,* Leipzig, 1931.

56 Ello no quiere decir naturalmente que los principios de explicación actualmente disponibles en el marco de este programa no revistan debilidades: cfr. al respecto: *Acción Individual y conducción social,* op. cit.

do o evitando determinados medios en ese proceso. En cuanto al problema del orden social, puede caracterizar tipos de dispositivos institucionales y su modo general de funcionamiento. Con ello puede también analizar los efectos de tales sistemas en cuanto a ciertos hitos formulados a partir de determinados puntos de vista valorativos predeterminados, como lo intentó Adam Smith con los medios entonces a su disposición.[57] Desde luego que no puede aportar la legitimación de un orden social, en el sentido de la idea clásica de fundamentación, pues tal intento constituye, como ya se vio, una empresa utópica.[58] Si se acepta el punto de vista criticista, la fundamentación de este tipo debe ser reemplazada por evaluaciones comparativas de alternativas de solución de problemas y eso es posible justamente con los medios de una ciencia aplicada del tipo señalado, siempre y cuando se provean los puntos de vista valorativos necesarios. El método derivado de Adam Smith no solo corresponde, entonces, al estilo metodológico de la praxis cognoscitiva de una ciencia que aspira a explicaciones. Realiza, además, un considerable aporte a la respuesta para la interrogante acerca de cómo es posible una política racional, política que aproveche los resultados de la investigación científica en cuanto parte del análisis y evaluación de las ventajas y debilidades de soluciones alternativas para llegar a adoptar una decisión.

En lo que respecta a los puntos de vista valorativos que se ponderan, no es en absoluto evidente que puedan ser reducidos a un principio único.[59] Sin duda una multiplicidad de puntos de vista aceptables conducirá a un problema de prioridades, que con certeza no podrá resolverse in abstracto, sino que solo bajo

---

57 Cfr. Rutledge Vining, "Economics in the United States of America", p. 14 y sig. ; así como James M. Buchanan, "The Justice of Natural Liberty", *The Journal of Legal Studies,* Vol. V, 1976, p. 8, en que se destaca el hecho de que no solo jugaba un papel el punto de vista de la eficiencia sino que también aquel de la justicia.

58 También Peter Graf Kielmannseg, en su interesante investigación histórica y sistemática de la problemática constitucional —*Soberanía Popular: Investigación de las condiciones de la legitimidad democrática,* Stuttgar, 1977— plantea expresamente exigencias de fundamentación y pone en juego críticamente la idea de la fundamentación en relación a otras proposiciones de resolución. Así, por ejemplo, en la página 214 de su obra renuncia, en su propia proposición, a esta idea y la reemplaza por una construcción menos ambiciosa, que, hasta donde yo pueda ver, es posible de calzar con la concepción aquí expuesta.

59 El principio de la mayor felicidad para el mayor número de individuos, generado por Cesare Beccaria y heredado por Jeremias Bentham, y que ha seguido hallando repercusión en formulaciones propias del Estado de beneficencia, ha caído justificadamente en descrédito.

consideración de condiciones históricas concretas. Las diversas corrientes políticas que influyen sobre el proceso legislativo, a menudo se distinguen más en cuanto a cómo deben solucionar dichos problemas de prioridad que en cuanto a los puntos de vista valorativos que consideran determinantes. Como sus conceptos se vinculan en este sentido además con una percepción diferenciada de hechos y tendencias de la vida social, la problemática se torna todavía más compleja para todos los interesados de lo que permite apreciar la retórica política efectista de los partidarios de las diversas soluciones.[60]

La utilización de los conocimientos científicos para un análisis alternativo que sirva como base para una política racional, tiene el sentido de responder la importante pregunta por la posibilidad real de su materialización —pregunta tan importante para toda praxis racional— a fin de trazar las fronteras de lo posible. La posibilidad de responder a tales interrogantes también depende, entre otras cosas, de la situación concreta —de los depositarios de determinados roles sociales— a que hace referencia. Los sistemas de referencia tecnológicos suelen guardar relación con conductas humanas tenidas como plausibles. Su aplicación hace imperativa la identificación de esos puntos en cada situación, con el fin de poder elaborar las alternativas realizables y relevantes. Dado que para la determinación de la relevancia se requiere de puntos de vista valorativos, al momento de proceder al análisis de las alternativas no bastará con disponer solo de los resultados del conocimiento puro. Al aplicar el saber tecnológico a situaciones concretas resulta imposible evitar considerandos valorativos, incluso a partir de la búsqueda misma de alternativas relevantes, búsqueda que aparece determinada por la problemática práctica y las valoraciones que le son inherentes. En cierto modo se comienza entonces tamizando —lo que también es valedero para la praxis cognoscitiva de las ciencias, tal como hemos visto— a fin de obtener una gama de alternativas controlable. Tal como sucede en el caso de la praxis cognoscitiva, también aquí subyace una heurística racional al método de orientación de la solución de problemas, que posiblemente estará marcado por programas de largo pla-

---

60 Cfr. al respecto Hermann Lübbe, *Der Streit um Worte, Sprache und Politik* (Debate en torno de las palabras, la lengua y la política), Bochum 1967, en que se pone de manifiesto la tan especial ratio de esta retórica.

zo, programas en que ya se encuentra delineado —a través de las exigencias planteadas a las soluciones adecuadas— el modo de solución de problemas buscado.